EL PEQUEÑO LIBRO
DEL
ZODIACO

Amat Editorial, sello editorial especializado en la publicación de temas que ayudan a que tu vida sea cada día mejor. Con más de 400 títulos en catálogo, ofrece respuestas y soluciones en las temáticas:

- ● Educación y familia.
- ● Alimentación y nutrición.
- ● Salud y bienestar.
- ● Desarrollo y superación personal.
- ● Amor y pareja.
- ● Deporte, fitness y tiempo libre.
- ● Mente, cuerpo y espíritu.

E-books:

Todos los títulos disponibles en formato digital están en todas las plataformas del mundo de distribución de e-books.

Manténgase informado:

Únase al grupo de personas interesadas en recibir, de forma totalmente gratuita, información periódica, newsletters de nuestras publicaciones y novedades a través del QR:

Dónde seguirnos:

 | **@amateditorial**

   | **Amat Editorial**

Nuestro servicio de atención al cliente:

Teléfono: **+34 934 109 793**

E-mail: **info@profiteditorial.com**

EL PEQUEÑO LIBRO

DEL

ZODIACO

Marion Williamson

Amat editorial

La edición original de esta obra ha sido publicada en inglés
por Summersdale, bajo el título *The little book of the Zodiac*,
de Marion Williamson.

© Marion Williamson, 2024
© Profit Editorial I., S.L., 2024
 Amat Editorial es un sello de Profit Editorial I., S.L.
 Travessera de Gràcia, 18-20, 6º 2ª; Barcelona-08021

Diseño de cubierta: XicArt
Maquetación: Marc Ancochea

ISBN: 978-84-19870-29-2
Depósito legal: B 12947-2024
Primera edición: Setiembre de 2024

Impresión: Gráficas Rey
Impreso en España / *Printed in Spain*

Índice

Introducción

Te encuentras al inicio de un viaje de autodescubrimiento que resulta más fascinante cuanto más aprendes. La astrología es un ámbito extraordinariamente rico, tan vasto y misterioso como el cielo nocturno. ¿Por dónde se debe empezar? Por lo más importante de nuestro sistema solar: **el Sol**. Comenzaremos viendo cómo la posición del Sol en el cielo en el momento del nacimiento se relaciona con el horóscopo y luego seguiremos con cada uno de los planetas examinando sus influencias mágicas en el carácter y el futuro. Puede que este pequeño libro sea para principiantes, pero al final contarás con todas las herramientas que necesitas para hacer tus propios descubrimientos reveladores sobre lo que te mueve a ti y a la gente que te rodea.

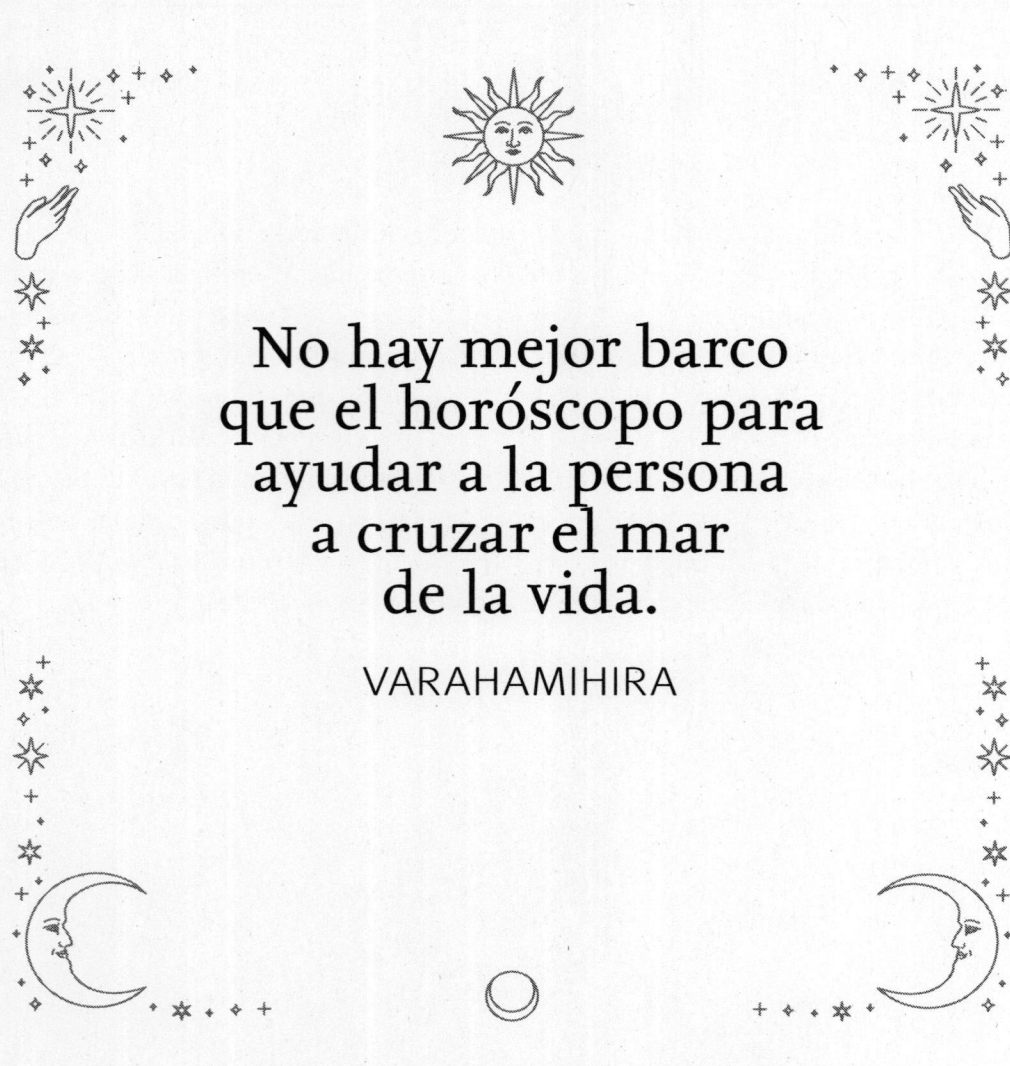

No hay mejor barco
que el horóscopo para
ayudar a la persona
a cruzar el mar
de la vida.

VARAHAMIHIRA

1.
¿Qué es la astrología?

La astrología es mucho más que la sección que se lee en revistas y periódicos. Es el estudio de la posición y del movimiento de los astros como medio para predecir hechos futuros y conocer el carácter de las personas. Ofrece una visión profunda de nuestra motivación y comportamiento personales, además de ayudarnos a comprender nuestras relaciones con los demás. La astrología nos enseña que todo forma parte de una realidad interconectada. Comprender cómo el antiguo simbolismo de las estrellas y los planetas puede relacionarse con los acontecimientos de nuestra propia vida es un proceso en constante evolución. La astrología es un espejo de nuestro mundo en los cielos, una búsqueda del significado humano. Cuando la ciencia moderna descubrió que tanto las galaxias del cosmos como todo lo que hay en la Tierra están hechos de átomos, pudimos dar crédito al antiguo dicho: «Lo que está ahí arriba es como lo que está aquí abajo». Visto de otro modo, ¡todos estamos hechos de estrellas!

Lo que la astrología puede hacer por ti

La astrología no predice el futuro ni describe la personalidad de alguien en determinados términos, sino que alude al potencial de que salgan a la luz características o acontecimientos concretos. Te ayuda a saber de qué eres capaz como ser humano y cuándo aprovechar los momentos difíciles u oportunos. No niega el hecho de que existe el libre albedrío —es decir, no estás controlado por los planetas—, pero los planetas crean ciertas condiciones que puedes aprender a utilizar en tu beneficio.

Una visión de tu personalidad

Cuando entiendes por qué actúas de determinada manera o reconoces tus miedos o deseos, te sientes más a gusto contigo mismo y con el mundo en que vives. Cuando te conoces mejor, actúas siendo consciente de lo que haces y por qué lo haces. La carta astral (también conocida como carta natal u horóscopo) es un diagrama que muestra las posiciones exactas de los planetas en el momento de tu nacimiento. El estudio de la carta astral puede revelar aptitudes o talentos que ignoras porque te resultan muy naturales. Puedes descubrir qué tipo de elecciones te satisfarían más o qué trabajo haría que te aburrieras como una ostra. Al estudiar tu propia carta astral, conocerás tus motivaciones —tus creencias, deseos y necesidades reales—, en lugar de probar a tientas y preguntarte por qué nada te funciona. Descubrirás lo que necesitas en una relación o en qué hábitos caes cuando llevas mucho tiempo en pareja. Tu actitud hacia el dinero se muestra en el horóscopo, así como el tipo de situaciones en las que es probable que lo ganes o lo pierdas. Cuanto mejor conozcas tu carta astral, más completo te sentirás.

Cómo empezó la astrología

||||||||||||||||||||||||||||||||||||||||||||||||||||||||||||||||||||||||||||||||||

La astrología nació cuando los primeros humanos miraron al cielo con asombro. Se veneraba la fuerza vivificadora de la energía vital del Sol, como creador supremo, y los misteriosos ciclos de la Luna se observaban atentamente por su efecto sobre los ríos y las mareas. Los calendarios lunares más antiguos se remontan a unos 32 000 años antes de Cristo y este fascinante arte sigue inspirándonos hoy en día.

Diferentes aplicaciones y técnicas astrológicas

Existen tantos tipos de astrología, que evolucionan y cambian de diferentes maneras, como formas de utilizarla. He aquí algunas de las más practicadas.

Astrología psicológica o moderna

Es el tipo de astrología más popular que se practica actualmente en Occidente y el tema central de este libro. Alan Leo impulsó la astrología a finales del siglo XIX y principios del XX al sugerir que podía utilizarse para describir la personalidad y las motivaciones de la gente. Alejó la astrología de la adivinación y la convirtió en un método para explorar el carácter desde una perspectiva psicológica. Carl Jung, padre de la psicología analítica, reconoció la astrología como una forma de «sincronicidad» o «coincidencia significativa». Mientras que Freud suponía que las personas desarrollan su carácter a partir del nacimiento, Jung afirmaba que nuestro carácter y personalidad son innatos. La astróloga —y seguidora de Jung— Liz Greene describe la carta astral como un «mapa de la psique» y afirma que con su ayuda llegamos a comprender mejor nuestra verdadera naturaleza.

Astrología horaria

El astrólogo intenta responder a una pregunta creando un horóscopo para el momento exacto en que se formula. Dependiendo de los métodos utilizados, la respuesta puede ser compleja o un simple sí o no.

Astrología mundana

Trata del estudio de los efectos de los planetas sobre grupos de personas o países. Se pueden elaborar cartas astrales para cualquier momento. A los astrólogos mundanos les interesan especialmente los momentos de la historia en los que se produce un acontecimiento importante. Puede tratarse del nacimiento de una nueva nación o país (como la formación del Reino Unido el 1 de mayo de 1707), de la toma de poder de un presidente, de un atentado como el de las Torres Gemelas, de una declaración de guerra o incluso de un terremoto. Se puede crear un horóscopo para cualquier acontecimiento con el fin de saber cómo reaccionará la gente ante cualquier cambio de circunstancias.

Astrología electiva

Es aquella en la que un astrólogo decide el mejor momento para un determinado acontecimiento o decisión basándose en las condiciones favorables de los planetas. Por ejemplo, si quieres saber cuál es la mejor fecha para casarte, este tipo de astrólogo consulta tu carta astral y basa la fecha de la boda en cuándo Venus (el planeta del amor y la armonía) estará en una condición propicia en el cielo respecto de la posición de Venus en tu propia carta astral.

Astrología de las relaciones

La astrología de las relaciones consiste en comparar dos o más cartas astrales para tratar de saber cómo se llevan esas personas. Existen dos métodos más habituales: la sinastría, en la que se comparan dos cartas distintas, y la astrología compuesta, que calcula los puntos medios de los planetas de cada una de las personas para formar una sola carta. Los puntos medios son, como su nombre indica, las zonas, en los doce signos del Zodiaco, entre los planetas de una persona y los de su pareja, en el caso de una relación sentimental. Por ejemplo, si en tu caso el Sol está en Tauro y en el de tu pareja en Cáncer, el punto medio sería Géminis. O si tu Luna está en Leo y la de tu pareja en Sagitario, el punto medio se situaría en Libra. Se toma el punto medio de cada planeta para crear una carta independiente que, a su vez, se puede interpretar.

Astrología tradicional

Mientras que la astrología psicológica moderna se centra en la explicación, la astrología tradicional se centra en la predicción y solo utiliza los siete planetas que se pueden contemplar a simple vista (Saturno incluido). Hasta el siglo xx, casi todos los tipos de astrología eran tradicionales.

Astrología locacional

Esta técnica utiliza la hora del nacimiento para calcular los lugares o zonas del planeta ideales o compatibles con los planetas propios de la persona. Si deseas saber cuáles son los mejores lugares para disfrutar de unas vacaciones, el astrólogo locacional podrá indicarte dónde Venus (disfrute) y Júpiter (viajes de larga distancia) te proporcionarán las mayores posibilidades de disfrutar de un viaje placentero. Se recurre a diferentes planetas y técnicas para sugerir los lugares más propicios para trabajar, vivir o casarse en el extranjero. También se conoce como «astromapeo».

Astrología médica

Esta antigua técnica astrológica, también conocida como iatromatemática, utiliza la carta astral de la persona para determinar qué puede causar problemas de salud o dónde se van a sufrir. Cada zona del cuerpo, la enfermedad en sí y las curas tienen correspondencias planetarias específicas.

Diferentes tradiciones astrológicas

Distintas culturas de todo el mundo han desarrollado sus propias tradiciones y sistemas astrológicos.

Occidente

El sistema más utilizado en Occidente es la continuación de una antigua forma de astrología basada en los doce signos del Zodiaco. En la cultura popular occidental, este tipo de astrología suele condensarse en los horóscopos de los signos solares, que a su vez se centran en las características de las doce constelaciones.

China

Este sistema bebe de la filosofía china y en los conceptos del *yin* y el *yang*, y se basa en los ciclos lunares chinos y los cinco tipos elementales: madera, fuego, tierra, metal y agua. Cada año se asocia con un animal y un elemento.

Cultura védica

La astrología védica, también conocida como *jyotish*, es una de las tradiciones astrológicas orientales más antiguas y populares. El sistema utiliza el Zodiaco sideral, es decir, las posiciones fijas de las constelaciones tal y como las vemos en el cielo. Es diferente del Zodiaco tropical utilizado en la astrología occidental, que se basa en la posición relativa y cambiante del Sol. El *jyotish* también recurre a un Zodiaco adicional basado en la Luna que divide el cielo en 28 «mansiones lunares».

Mayas

La tradición astrológica maya se practica principalmente en Occidente y Sudamérica y utiliza el antiguo y complejo sistema de calendario conocido como *tzolk'in*, que consta de veinte signos diurnos y trece números galácticos, lo que resulta en un *año* de 260 días. El *tzolk'in* puede utilizarse para determinar lo que ocurrirá en momentos concretos o para identificar tipos de personalidad. La astrología maya no tiene elementos, sino direcciones: norte, este, sur, oeste. Además, a cada uno de los veinte signos diarios se le asigna una dirección, cada una con su propio significado.

Tránsitos: predecir oportunidades o retos

||||||||||||||||||||||||||||||||||||||||||||||||||||||||||||||||||||||||||||||||||||||||||||||||

Tu carta astral es una instantánea de las posiciones exactas de los planetas en el momento de tu nacimiento, lo que te proporciona una enorme cantidad de información sobre tu personalidad. Pero tan solo un instante después de que se tomara esa foto, los planetas cambiaron de posición. Los astrólogos describen estos planetas en movimiento como «tránsitos» y sus movimientos les dan información sobre el futuro. Los tránsitos pueden poner de manifiesto oportunidades que hay que aprovechar o retos que hay que tener en cuenta. La mayoría de los astrólogos están familiarizados con las posiciones actuales de los planetas, pero puedes averiguarlas fácilmente consultando la fecha actual en un libro —de efemérides planetarias— o directamente en internet.

Un físico sin conocimientos
de astrología no tiene derecho
a ser considerado
como tal.

HIPÓCRATES

Los signos del Zodiaco

El Sol, la Luna y los planetas recorren una trayectoria fija a través del cielo conocida como eclíptica.

Las doce constelaciones que atraviesan estos cuerpos se conocen como signos del Zodiaco. O, al menos, esa es la forma más sencilla de verlo. En realidad, las constelaciones reales y los signos del Zodiaco asociados a ellas son diferentes. Esto se debe a que las primeras tienen tamaños y anchuras diferentes. En astrología, todos los signos tienen la misma longitud —treinta grados— para que los doce signos formen un círculo perfecto de 360 grados. La palabra *Zodiaco* procede del griego antiguo y significa «círculo de animales», y la mayoría de las constelaciones del Zodiaco llevan nombres relacionados con animales: Tauro (toro), Leo (león),

Piscis (pez), etc. La mayoría de estos nombres datan de la época babilónica o son incluso anteriores y se basaban en la forma de los grupos de estrellas y en la época del año en que eran más visibles.

Tipos elementales

Cada signo solar pertenece a uno de los cuatro tipos elementales:

★ fuego

★ tierra

★ aire

★ agua

Signos de fuego

Aries, Leo, Sagitario. Estas personas son entusiastas, espontáneas, activas y rápidas.

Signos de tierra

Tauro, Virgo y Capricornio. Quienes tienen estos signos son prácticos, estables, decididos y precavidos.

Signos de aire

Géminis, Libra y Acuario. Estas personas son intelectuales, extrovertidas, idealistas y versátiles.

Signos de agua

Cáncer, Escorpio, Piscis. Quienes tienen un signo de agua son intuitivos, imaginativos, empáticos y sensibles.

El cuerpo celeste

Cada signo solar se corresponde con una zona concreta del cuerpo, empezando por la cabeza, con el primer signo, Aries, y terminando por los pies, con el último signo, Piscis.

* **Aries** - cabeza, ojos, cara

* **Tauro** - cuello, garganta, orejas

* **Géminis** - manos, brazos, sistema nervioso

* **Cáncer** - pecho, estómago, útero

* **Leo** - corazón, parte superior de la espalda, columna vertebral

* **Virgo** - intestino grueso y delgado, páncreas

* **Libra** - región lumbar, riñones y área suprarrenal

* **Escorpio** - genitales, vejiga, vías urinarias

* **Sagitario** - hígado, caderas, muslos

* **Capricornio** - rodillas, huesos, dientes

* **Acuario** - tobillos, pantorrillas, espinillas

* **Piscis** - pies, sistema inmunitario

ARIES
TAURO
GÉMINIS
CÁNCER
LEO
VIRGO
LIBRA
ESCORPIO
SAGITARIO
CAPRICORNIO
ACUARIO
PISCIS

2.
Tu carácter según el signo solar

La Tierra da una vuelta al Sol cada año y, al hacerlo, este último recorre aproximadamente durante un mes cada uno de los doce signos zodiacales. El signo por el que transita el Sol en el momento del nacimiento se conoce como signo solar. La astrología basada en los signos solares conlleva una descripción general de las características astrológicas individuales. No es posible ser un Leo o un Tauro «puro». Para ello, todos los demás planetas de tu horóscopo tendrían que estar también en Leo o Tauro, lo que, debido a sus órbitas y a las distancias que los separan, no es posible. Pero, como el Sol es el más influyente de los objetos celestes del horóscopo, puedes aprender mucho sobre ti mismo solo con esta información. Para obtener una imagen verdadera y completa de tu carácter, debes sintetizar la influencia del Sol con la de todos los demás planetas de tu horóscopo. En los tres capítulos siguientes descubrirás los secretos cósmicos de los tres elementos más importantes de tu carta astral: tu signo solar, tu ascendente y tu signo lunar.

Aries - el carnero
(21 de marzo-20 de abril)

Los Aries son valientes, testarudos y tienen un punto embaucador. Pero también pueden ser impacientes, impulsivos e inquietos. Les encantan las aventuras y afrontan con decisión cualquier obstáculo que se interponga en su camino. Tienen una energía desbordante y es difícil resistirse a su entusiasmo. Su gran determinación para triunfar los convierte en líderes natos. Son criaturas independientes y en el trabajo les gusta ser el jefe. También son apasionados y se enamoran con facilidad. Su espontaneidad y honestidad naturales hacen que sea fácil confiar en ellos porque siempre muestran sus sentimientos.

Mejor rasgo de carácter: valentía
Elemento: fuego
Planeta regente: Marte
Características generales: asertivos, espontáneos, impacientes
Parte del cuerpo: cabeza

¿Por qué Aries es el primer signo del Zodiaco?

Puede parecer extraño que el calendario zodiacal comience en marzo, pero la razón se remonta a la Antigua Roma, cuando marzo era el primer mes del año. Julio César decidió que fuese enero en el año 46 a. C. Casualmente, a Aries lo rige el planeta Marte en astrología. Marte era el dios romano de la guerra y de ahí viene precisamente el nombre del mes de marzo. A finales de este mes se celebra el equinoccio de primavera, un momento de nuevos comienzos.

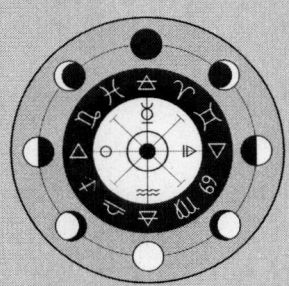

Tauro - el toro
(21 de abril-21 de mayo)

Los Tauro son pacientes, fiables y perseverantes. Su fuerza y determinación tranquilas inspiran confianza en los demás y son fieles a sus amigos y seres queridos. También son testarudos, no les gustan los cambios y no se precipitan a la hora de tomar decisiones. Su mayor deseo es la seguridad personal y una vida hogareña confortable. No entregan su corazón fácilmente. Pueden tardar en decidirse sobre las relaciones. Pero, una vez decididos, harán todo lo que esté en su mano para que las cosas funcionen.

Mejor rasgo de carácter: fuerza
Elemento: tierra
Planeta regente: Venus
Características generales: leales, posesivos, pacientes
Parte del cuerpo: cuello

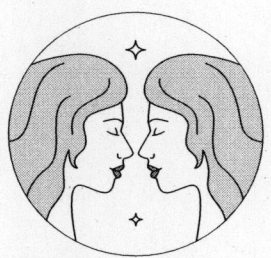

Géminis - los gemelos

(22 de mayo-21 de junio)

Los Géminis son curiosos, ingeniosos y desenfadados. Deben su nombre a los gemelos Cástor y Pólux, de la mitología griega, porque pueden mostrar dos caras muy distintas de su personalidad: alegres y optimistas en un momento, e irritables y retraídos al siguiente. Los Géminis pueden afrontar muchos proyectos a la vez y adaptarse fácilmente a nuevos entornos y circunstancias. Pero pueden ser un poco inconstantes. Son coquetos y su vida sentimental es tan variada como su gusto por la ropa. Tienen un don natural para encontrar cosas en común incluso con personas muy distintas a ellos.

Mejor rasgo de carácter: adaptabilidad
Elemento: aire
Planeta regente: Mercurio
Características generales: curiosos, inteligentes, rápidos
Parte del cuerpo: brazos

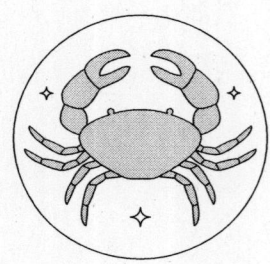

Cáncer - el cangrejo
(22 de junio-22 de julio)

Los Cáncer son tenaces, cariñosos e inmensamente protectores con las personas que les importan. Al igual que el cangrejo, proyectan una imagen exterior más dura de la que realmente tienen para ocultar su naturaleza sensible. Cuando un Cáncer tenaz atrapa lo que quiere, es difícil convencerlo de que renuncie a ello, aunque ya no le sea útil. Son los más acaparadores del espectro zodiacal y necesitan aprender a dejarse llevar y confiar en que todo irá bien, aunque no tengan el control.

Mejor rasgo de carácter: cariño
Elemento: agua
Planeta regente: Luna
Características generales: sensibles, emocionales, tenaces
Parte del cuerpo: pecho

Leo - el león
(23 de julio-22 de agosto)

Regidos por la fuerza vital del Sol, los Leo iluminan y dan energía a las personas que los rodean. Orgullosos y extravagantes, ansían llamar la atención y se sienten subestimados en cierta medida sin un público que los adore. Creativo y organizado, un Leo típico puede llegar a ser un poco mandón con las personas que le importan. Se sienten heridos con más facilidad de lo que la mayoría de la gente cree, e incluso una crítica constructiva puede suponer un duro golpe para su ego. Pero, cuando un Leo se siente querido y confiado, moverá montañas para complacer a las personas que le importan.

Mejor rasgo de carácter: generosidad
Elemento: fuego
Planeta regente: Sol
Características generales: extrovertidos, populares, creativos
Parte del cuerpo: corazón

Virgo - la virgen
(23 de agosto-23 de septiembre)

Los Virgo son los más ocupados del Zodiaco, pues siempre cuentan con una inagotable lista de cosas por hacer. Si quieres que algo se lleve a término, pídeselo a un Virgo y, si no puede hacerlo, seguro que conoce a alguien que sí pueda. Los Virgo siempre tienen excelentes consejos, pero en su búsqueda de la perfección a veces pueden parecer críticos, cuando en realidad solo intentan ayudarte a ser tu mejor versión. En el amor, son considerados, amables y pacientes, aunque necesitan aprender a relajarse y dejar que las pequeñas cosas se resuelvan por sí mismas.

Mejor rasgo de carácter: organización
Elemento: tierra
Planeta regente: Mercurio
Características generales: capaces, perfeccionistas, eficientes
Parte del cuerpo: intestinos

Libra - la balanza
(24 de septiembre-23 de octubre)

Los Libra buscan la armonía en todos los ámbitos de la vida. No son solitarios y aprenden sus lecciones más importantes de otras personas. Si se los deja solos, estos individuos encantadores y diplomáticos pueden tardar una eternidad en tomar decisiones importantes. Por tanto, les resulta esencial encontrar a alguien con quien intercambiar ideas y que les ayude a entender mejor determinados aspectos de su vida, incluidos a sí mismos. Las relaciones pueden ser una dura prueba, ya que sus expectativas son altas. Aprender a disfrutar de su propia compañía y de su independencia es la mayor lección de los Libra.

Mejor rasgo de carácter: imparcialidad
Elemento: aire
Planeta regente: Venus
Características generales: sociables, encantadores, de fácil trato
Parte del cuerpo: caderas

Escorpio - el escorpión

(24 de octubre-22 de noviembre)

Los Escorpio gastan grandes cantidades de energía emocional y física y necesitan encontrar una salida positiva para sus intensos sentimientos. En el trabajo, se exigen y disfrutan con los retos; cuanto más difíciles, mejor. Pueden participar en juegos de poder si se les despiertan los celos, y es entonces cuando con más probabilidad aparece su legendario *aguijón*. Pero, si tienes su confianza, tendrás un compañero o amigo leal y de gran intuición. Lo que más le beneficia a un Escorpio es mostrarse menos a la defensiva y aceptar que también puede ser vulnerable.

Mejor rasgo de carácter: fuerza de voluntad
Elemento: agua
Planeta regente: Plutón
Características generales: intensos, penetrantes, ingeniosos
Parte del cuerpo: órganos sexuales

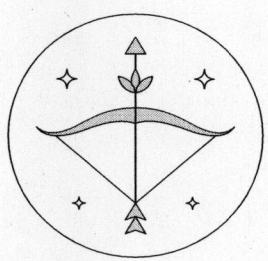

Sagitario - el arquero
(23 de noviembre-21 de diciembre)

Los Sagitario son espíritus amantes de la libertad a los que les encantan los retos y las aventuras. Regidos por el optimista Júpiter, adoptan un enfoque de la vida contagiosamente entusiasta y pueden aburrirse cuando se espera que respeten las costumbres y se ciñan a normas. Debido a su miedo a que le corten las alas, un Sagitario típico necesita una pareja de mente abierta e inspiradora que comprenda su inquietud innata e intente mantener su relación con frescura y emoción. Los Sagitario necesitan aprender que lo ajeno no siempre es mejor.

Mejor rasgo de carácter: entusiasmo
Elemento: fuego
Planeta regente: Júpiter
Características generales: aventureros, amplios de miras, optimistas
Parte del cuerpo: muslos

Capricornio - la cabra
(22 de diciembre-20 de enero)

Pacientes, decididos y siempre realistas, los Capricornio no se precipitan. Afrontan cualquier situación con frialdad y lógica y elaboran un plan minucioso para alcanzar sus objetivos. No les gusta llamar la atención ni son ruidosos ni fanfarrones, pero son ganadores natos. Bajo ese exterior sereno se esconde una persona leal y devota que intentará mover montañas por la persona adecuada. Los Capricornio también tienen un sentido del humor con cierta malicia y harían bien en recordar que la felicidad y el éxito no son siempre lo mismo.

Mejor rasgo de carácter: determinación
Elemento: tierra
Planeta regente: Saturno
Características generales: reservados, realistas, ambiciosos
Parte del cuerpo: rodillas

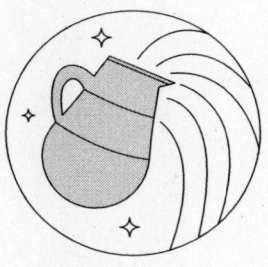

Acuario - el aguador
(21 de enero-19 de febrero)

Los Acuario, excéntricos e inventivos, pueden parecer un poco fuera de lugar o adelantados a su tiempo. Con un gran corazón y amistosos hasta la exageración, se sienten a gusto con grupos de personas muy variadas. Su insaciable curiosidad por los demás es una de sus cualidades más entrañables, pero puede resultarles difícil relacionarse con la gente a un nivel más profundo y emocional. Para ser felices en el amor necesitan una pareja que aprecie su necesidad de independencia y pueda darles espacio para crecer.

Mejor rasgo de carácter: ingenio
Elemento: aire
Planeta regente: Urano
Características generales: excéntricos, independientes, originales
Parte del cuerpo: tobillos

Piscis - el pez
(20 de febrero-20 de marzo)

Los Piscis son amables, compasivos y comprensivos. La imagen típica de dos peces nadando en dirección opuesta resume gran parte de la naturaleza dual de estas personas. Saben lo que deben hacer, pero a menudo se dejan arrastrar por nimiedades. Son románticos y poéticos, y saben expresar sus sentimientos más íntimos a las personas que quieren. Los Piscis necesitan aprender que cuando ignoran situaciones difíciles pueden tener que enfrentarse a peores consecuencias más adelante.

Mejor rasgo de carácter: empatía
Elemento: agua
Planeta regente: Neptuno
Características generales: soñadores, psíquicos, amables
Parte del cuerpo: pies

Ofiuco - ¿el decimotercer signo?

IIIIIIIIIIIIIIIIIIIIIIIIIIIIIIIIIIIIIIIIIIIIIIIIIIIIIIIIIIIIIIIIIIIIIIIIIIIIIII

De vez en cuando surge la idea de que debería haber un decimotercer signo del Zodiaco. El argumento es que, debido a la inclinación de la Tierra, su posición ha cambiado con respecto a hace tres mil años, cuando se asignaron por primera vez los signos, y el Sol parece abarcar en la actualidad trece signos en lugar de doce. Pero la astrología no es astronomía. La astrología se centra en los patrones de los planetas y la Luna al pasar por doce zonas definidas por la relación entre la Tierra y el Sol. Esas zonas tienen los mismos nombres que las constelaciones, pero no son las mismas que las constelaciones reales. La astrología occidental utiliza el Zodiaco tropical, que sigue las estaciones basándose en la posición de los rayos del Sol y los trópicos. Ofiuco es una constelación, pero el Sol no la atraviesa porque se encuentra justo fuera de la eclíptica (la trayectoria del Sol a través del cielo). Hay más de veinte constelaciones que tocan o bordean la eclíptica, pero la astrología occidental solo incluye doce.

3.
Tu signo solar es solo el principio

Tu carta astral personal es una mezcla de diferentes tipos de energía planetaria, por lo que para obtener una visión mucho más detallada y profunda de tu carácter debes mirar más allá de tu signo solar. También tienes un signo ascendente, un signo lunar, un signo de Mercurio, un signo de Venus, etc., y así sucesivamente a través de los diferentes planetas. Esta información es la que utilizan los astrólogos para crear la carta astral personalizada. Para saber exactamente dónde se encontraba cada uno de los planetas cuando naciste, tendrás que buscar tu fecha de nacimiento en un libro de efemérides planetarias, que muestra qué planetas estaban en cada signo, en qué signo y fase estaba la Luna, así como otra información, como la dirección en la que viajaban los planetas en ese momento. Antes de que existieran los programas informáticos que ayudan a crear la carta astral, toda esta información se calculaba a mano, utilizando un libro de efemérides planetarias. Por suerte, ahora hay sitios web que hacen todo este trabajo.

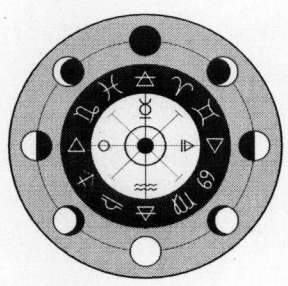

Signos ascendentes

¿Qué es un signo ascendente?

Tu signo ascendente, también conocido como ascendente, es la constelación que ascendía en el horizonte oriental en el momento de tu nacimiento. Es fácil encontrar esta información en internet (ver página 122), pero en el pasado los astrólogos la calculaban a mano. Cada signo del Zodiaco tarda aproximadamente dos horas en elevarse sobre el ascendente: los doce signos del Zodiaco lo hacen en un periodo de veinticuatro horas, un día. Conocer el signo ascendente es esencial para obtener una carta astral precisa y, por eso, los astrólogos necesitan una hora de nacimiento lo más exacta posible. Es muy probable que dos gemelos nacidos con cinco minutos de diferencia compartan el mismo signo solar, pero cada uno tendrá un signo ascendente distinto, lo que podría hacer que sus cartas natales —y, por tanto, la personalidad de cada uno— sean muy diferentes.

¿Por qué es importante el ascendente?

Si tu signo solar es tu personalidad central, tu signo ascendente es tu propia imagen de ti mismo, es decir, la personalidad que presentas ante los demás. Normalmente, cuando conoces a alguien en una fiesta, lo primero que descubres es su signo ascendente, porque es la faceta de su personalidad que proyecta con mayor comodidad. A medida que conoces mejor a esa persona, vas quitando capas, empezando por la cáscara exterior del signo ascendente, pasando por las características «centrales» del signo solar (quién es realmente), hasta el centro emocional —el signo lunar—, y así sucesivamente, a través de cada capa planetaria. Tu signo ascendente es el filtro a través del cual se expresa tu personalidad, la primera impresión que das a los demás y la máscara que decides llevar. Es tu posición por defecto y describe cómo afrontas los retos de la vida. La mayoría de las personas se identifican más con su signo ascendente que con su signo solar.

Tu carácter en función del ascendente

 ## Ascendente Aries

La actitud por defecto de quienes tienen ascendente Aries es la de actuar. Su instinto los lleva a enfrentarse a situaciones de manera directa, aunque no estén del todo seguros de cómo va a resultar. Quieren ser los primeros en todo y tienen una fuerte tendencia a ser independientes. Actuar antes de pensar probablemente les haya llevado a más de uno a situaciones incómodas, pero gracias a su valentía y a su enorme franqueza suelen conseguir lo que se proponen.

 ## Ascendente Tauro

Las personas con ascendente Tauro son tranquilas y serenas. No hacen nada con prisas. Cuando surgen problemas, esperan, reflexionan y dejan que las aguas se calmen. Son sensibles a la falta de armonía. Los colores chillones, el ruido y la gente alborotadora les incomodan: evitan los conflictos. Sus hogares son tranquilos, acogedores y en ellos reina el buen gusto. Si ves cojines mullidos, una taza de té y galletas, probablemente estés en casa de una persona con ascendente Tauro. Suelen ser artistas, músicos o tienen una bonita voz.

enfrentan al mundo intentando medirlo, sopesarlo, clasificarlo o aprender de él. Se adaptan muy bien a todo y a menudo afrontan los problemas que les plantea la vida iniciando cambios. Esto puede aportar nueva vida e ideas a situaciones marcadas por el bloqueo, además de humor, que tanto necesitan. Suelen ser amables y cordiales, pero a veces no se dan cuenta de lo que ocurre bajo la superficie en sus relaciones con la gente porque están muy ocupados hablando. Sin embargo, gracias a su inagotable curiosidad, saben animar a los demás a hablar y son hábiles negociadores.

 ## Ascendente Géminis

Quienes tienen ascendente Géminis reaccionan ante cualquier persona o situación nueva. Quieren saberlo todo sobre ese individuo o circunstancia. Se

 ## Ascendente Cáncer

Las personas con ascendente Cáncer no siempre se sienten cómodas en entornos nuevos y con gente que no conocen. Tienden a replegarse en su caparazón, donde se sienten seguros, y poco a poco van ganando energía, a medida que se sienten más cómodos. Cuando se enfrentan a un problema, se abstienen de ofrecer una solución, al menos hasta que lo piensan a solas. No suelen ser agresivos, pero, si sienten que sus seres queridos o su hogar están amenazados, los defenderán con pasión. Son almas de corazón sensible y les gusta cuidar de los demás. Suelen considerar a sus amigos íntimos como parte de la familia.

Ascendente Leo

Quienes tienen ascendente Leo son artistas natos y están orgullosos de sus dotes creativas. Les gusta ser el centro de atención, pero su generosidad y calidez hacen que la gente les perdone su ego ligeramente subido. Cuando se enfrentan a personas o circunstancias nuevas,

su instinto natural es tomar las riendas de la situación. Poseen excelentes dotes organizativas, lo que a veces puede parecer una muestra de prepotencia. Sin embargo, a pesar de su carácter autoritario, odian que se piense mal de ellos. Les gusta agradar a la gente y necesitan que se los admire y apruebe. Tratan de formarse una buena opinión de sí mismos antes de buscar confirmación en los demás.

Ascendente Virgo

Las personas de ascendente Virgo son bondadosas y les gusta ser útiles a los demás. Tienen el don de saber qué hacer para que la gente se sienta mejor y son hábiles para convertir el caos en situaciones viables. Cuando se enfrentan a cualquier reto, tratan de encontrar la solución más sencilla y elegante. Amables y comprensivos, ayudan a los demás a sanar y, si quisieran, se beneficiarían de estas habilidades para resolver algunos de sus propios problemas.

Ascendente Libra

Cuando conozcas a una persona con ascendente Libra, seguramente te parecerá encantadora, educada y sociable. Estos individuos son diplomáticos, sociables por naturaleza y quieren que la gente se sienta a gusto en su compañía. Afrontan los altibajos de la vida pensando cuál es la forma más justa de actuar, aunque a veces tarden mucho tiempo en decidirse. Dedican gran parte de su tiempo a hacer que su entorno y su propia apariencia sean lo más agradables posible. Estas personas pueden ser un poco pasivas y estar demasiado dispuestas a amoldarse a la idea que los demás tienen acerca de

quiénes deberían ser, en lugar de mostrarse como son en realidad.

Ascendente Escorpio

A las personas con ascendente Escorpio les brota pasión e intensidad por todos los poros. Tienen un carácter fuerte y afrontan los retos de la vida tratando de llegar a la verdad de lo que ocurre. Perspicaces e inquebrantables, estas personas no se asustan ante las emociones fuertes, sino que se dejan llevar por ellas. Hacen todo lo posible por proteger sus verdaderos sentimientos, ya que temen que, si los demás los descubren, se debilitarían y quedarían expuestas a la manipulación. Pero cuando bajan la guardia son leales, protegen ferozmente a sus seres queridos y demuestran un inmenso coraje emocional. A veces pasan demasiado tiempo mirándose el ombligo, cuando la verdad puede estar delante de sus narices.

Ascendente Sagitario

Quienes tienen ascendente Sagitario son bulliciosos, llamativos y exagerados. Afrontan los retos de la vida como si se tratara de un juego y, gracias a su actitud despreocupada, suelen salir ganando. Les gusta la competición y el deporte y necesitan cambiar de aires con frecuencia. Pueden mostrarse muy inquietos si la vida se vuelve demasiado predecible o si asumen demasiadas responsabilidades. No suelen necesitar las mismas comodidades que las personas de los demás signos y pueden ser tan felices durmiendo en el suelo como en un entorno más cuidado. Transmiten verdadero optimismo y son capaces de inspirar a los demás para que hagan

realidad sus sueños. Ahora bien, pueden tener poco tacto y necesitan desarrollar una actitud más atenta con las personas de temperamento más sensible.

Ascendente Capricornio

Los individuos de ascendente Capricornio muestran cierta timidez, lo que no concuerda con su enorme capacidad para triunfar. Tienen una visión práctica cuando se enfrentan a situaciones nuevas o desafiantes y sus consejos, por lo general sensatos, suelen ser sabios, independientemente de su edad. Puede que no sean los primeros en dar su opinión cuando se les pide, pero al hacerlo idean planes brillantes, aunque demasiado realistas y no al gusto de todos. No les gusta dar falsas esperanzas a nadie, pero quizá podrían esforzarse por venderse a sí mismos un poco mejor.

Ascendente Acuario

Una persona típica con ascendente Acuario suele pensar o actuar de forma diferente a la mayoría de la gente. Afronta los retos de la vida y las situaciones nuevas buscando soluciones únicas o adoptando un punto de vista con carácter propio. Poco convencionales por naturaleza, a las personas con ascendente Acuario les resulta natural rebelarse contra las normas sociales y a menudo apoyan a quienes son víctimas de injusticias sociales o políticas. Suelen estar a la vanguardia de los cambios sociales. El deseo de pensar de forma tan diferente con respecto a la mayoría puede hacer que los demás se sientan un poco fuera de lugar. Estas personas únicas harían bien en recordar que lo que tienen en común con los demás es lo que crea vínculos, no aquello que hacen de forma diferente.

 ## Ascendente Piscis

Una persona típica de ascendente Piscis tiene un carácter apacible. Rara vez arman jaleo y no les gusta ser el centro de atención. Su estado de ánimo cambia rápidamente y su reacción ante los cambios o los retos de la vida suele ser esconderse hasta que la situación inquietante haya pasado. A estas personas les puede resultar difícil concentrar sus energías en una sola cosa y prefieren tener muchos proyectos a medio terminar que pueden retomar cuando les apetezca. Se beneficiarían de tratar de ver la realidad de vez en cuando, solo para asegurarse de que están nadando en la dirección correcta.

4.
Signos lunares

Tu signo lunar alude al signo astrológico que atravesaba la Luna en el momento del nacimiento. La Luna tarda dos días y medio en recorrer cada signo del Zodiaco, es decir, le lleva aproximadamente un mes completar un ciclo completo. La naturaleza cambiante de la Luna refleja nuestras propias respuestas instintivas y emocionales a través de sus diferentes fases y estados. Comprender el signo lunar es de vital importancia porque proporciona la clave de la naturaleza emocional de la persona. Puedes encontrar tu signo lunar consultando tu fecha de nacimiento en un libro de efemérides planetarias o buscándolo en internet (véanse las recomendaciones en la página 122).

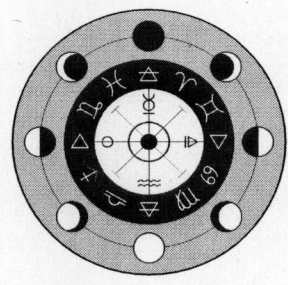

Tu carácter en función del signo lunar

Luna en Aries

Al ser el primer signo del Zodiaco, las personas con Luna en Aries pueden ser un poco egocéntricas y centrarse primero en sus propias necesidades antes de pensar en las de los demás. Son impulsivas y sienten amor o rabia enseguida. Sus reacciones emocionales son rápidas, ardientes y decisivas, y, como sienten con tanto ímpetu, no suelen tener tiempo de pensar en las consecuencias de sus actos. Las personas con Luna en Aries son honestas y directas, pero a veces un poco bruscas, y sus seres queridos prefieren un enfoque con algo más de tacto. Pero, cuando una de estas personas siente pasión por alguien o por algo, pone en ello todo su empeño. Acaban aprendiendo de los errores cometidos y con el tiempo a contener sus primeros impulsos, pero es un reto que les llevará toda la vida.

Lección. Las personas con Luna en Aries deben aprender a moderar sus respuestas de lucha o huida y dejar que los sentimientos se asienten antes de actuar.

Luna en Tauro

Las personas con Luna en Tauro necesitan sentirse seguras. Por lo general, son personas tranquilas y serenas cuyas reacciones inmediatas rara vez son precipitadas. Pero, una vez que toman una decisión, es casi imposible convencerlas de que cambien de opinión. Estas personas pacientes no se precipitan. Son planificadores cuidadosos que se toman en serio los sentimientos de los demás y les gusta seguir un camino convencional, sobre todo a la hora de cortejar, que suelen hacer según un enfoque del amor en el que el camino que consideran correcto es el tradicional. Suelen ser muy ecuánimes, pero, si acumulan resentimiento durante meses o incluso años, pueden acabar protagonizando un estallido explosivo y destructivo.

Lección. Deberían intentar confiar en su instinto y abrazar su espontaneidad infantil, en lugar de esperar demasiado para decidir en función de lo que sienten.

Luna en Géminis

Las personas con Luna en Géminis tienen respuestas rápidas e ingeniosas y adoptan un enfoque desenfadado con respecto de sus propias emociones. Tienden a basarse en su propia lógica y experiencia en lugar de utilizar su instinto cuando se trata de comprender a los demás en el plano emocional, lo que puede darles apariencia de superficiales. Suelen adoptar un enfoque cuestionador e intelectual cuando tratan con los sentimientos de otras personas, lo que les ayuda a identificar lo que realmente está pasando sin implicarse demasiado emocionalmente.

Lección. Necesitan aprender que las personas que más les atraen físicamente pueden no ser con las que son más compatibles emocionalmente.

Luna en Cáncer

Cada signo del Zodiaco está asociado a un planeta y el regente planetario de los Cáncer es la Luna. Las personas con Luna en Cáncer suelen sentirse muy cómodas con sus sentimientos. Sus reacciones son defensivas, protectoras y profundamente instintivas. Tienen asimismo una intuición legendaria. Se sienten responsables del bienestar emocional de los demás y muestran una fuerte necesidad de cuidar a las personas más cercanas. Para estas personas intuitivas y cariñosas, sus prioridades absolutas son una vida hogareña confortable y estrechos lazos familiares. Como los tenaces que son, cuando saben lo que quieren o a quién quieren, pueden obsesionarse con ese objetivo, y a este le puede resultar difícil quitárselos de encima.

Lección. Necesitan aprender que sus necesidades emocionales cambian: lo que querían hace diez años puede ser completamente diferente en la actualidad.

Luna en Leo

La respuesta emocional inmediata de quienes tienen Luna en Leo es tomar el control, a menudo de forma melodramática. Les gusta ser el centro de lo que ocurre y pueden protagonizar dramas emocionales solo con un objetivo efectista. Tienen mucho amor que dar, pero si no lo reciben se encierran en sí mismos. Cuando sienten que su amor es correspondido, estas almas de gran corazón se iluminan y difunden su calidez y buen humor incluso en los momentos más oscuros.

Luna en Virgo

Las personas con Luna en Virgo son bastante tímidas emocionalmente; les cuesta manifestar sus sentimientos de forma lógica y ordenada. Les encanta sentirse apreciadas y que las necesitan, y demuestran su afecto por sus seres queridos ayudándolos en muchas pequeñas cosas. Aunque son individuos afectuosos, pueden ser un poco rígidos a la hora de expresar sus emociones y, si se sienten estresados o les invade la infelicidad, pueden volverse demasiado quisquillosos y críticos. Cuando a una de estas personas le gusta alguien de verdad, suele mostrarse con timidez al principio. Pero, cuando se siente más segura, se abre y comparte un lado romántico y poético de sí misma que rara vez ven los demás.

Luna en Libra

Quienes tienen Luna en Libra necesitan que la gente de su entorno les ayude a comprender el mundo en el que viven. Sus respuestas emocionales dependen en gran medida de lo que piensen y sientan las personas más cercanas a ellos y a menudo adoptan las opiniones predominantes de entre los demás para formarse las suyas propias. Odian la confrontación y son muy sensibles a la discordia o a los disgustos; por eso son excelentes negociadores y pacificadores. Le dan prioridad a la armonía, que debe restablecerse a toda costa, pero a veces implica demasiado sacrificio personal o creer que los sentimientos de los demás son más importantes que los propios.

Lección. Necesitan aprender que estar solo no es un hecho aterrador.

Luna en Escorpio

Estas personas tienen una vida emocional que puede parecer muy diferente a lo que deciden mostrar al mundo. Tienen sentimientos muy profundos y poderosos que suelen mantener ocultos a los demás por todos los medios posibles. Tienen miedo a quedar al descubierto

por si se aprovechan de ellos de alguna manera, por lo que establecer una relación de confianza con ellos no siempre es fácil. Pero, cuando se sienten seguros y queridos, hacen todo lo que está en su mano para devolver la lealtad y el amor que se les da de buena fe.

Lección. Deben exponer su dolor al mundo en lugar de intentar mantenerlo siempre oculto o disimularlo.

Luna en Sagitario

Las respuestas típicas de una persona con Luna en Sagitario son abiertas, honestas y entusiastas. Estos individuos no suelen detenerse demasiado en sus emociones, ya que creen que la acción dice mucho más que los sentimientos o las palabras. Como signo de fuego y amantes de la libertad, a estas personas no les gusta sentirse atadas, especialmente cuando son jóvenes. Pueden dar demasiada rienda suelta a sus emociones, pero son cálidas, filosóficas y generosas cuando se sienten apreciados. No son especialmente sentimentales, pero deben procurar tener más tacto cuando tratan con los sentimientos de los demás.

> **Lección.** Deben aprender a enfrentarse a las situaciones que se les presentan en lugar de huir de ellas, porque les volverán hasta que las aborden adecuadamente.

Luna en Capricornio

Las personas con Luna en Capricornio pueden parecer frías emocionalmente, incluso reservadas o distantes. Sus respuestas emocionales iniciales pueden ser algo negativas, pero siempre sienten un fuerte deseo de ser productivos y prácticos. No son individuos arriesgados por naturaleza, por lo que sopesan las ventajas e inconvenientes antes de comprometerse con una persona concreta, pero cuando lo hacen suele ser con total confianza en que la relación será un éxito. Se toman sus obligaciones muy en serio y no se vinculan con la gente a la ligera.

> **Lección.** Necesitan aprender que abrirse a los demás —en lo que a sus inseguridades o miedos respecta— puede ser una experiencia sanadora.

Luna en Acuario

Las personas con Luna en Acuario son individuos intrigantes y carismáticos que tienden a intelectualizar sus sentimientos en lugar de entregarse a ellos. Rara vez juzgan a los demás y es más probable que acepten, o incluso prefieran, relaciones poco convencionales. Puede que la calidez y la pasión no sea lo más destacado al tratar a alguien con Luna en Acuario, pero estas personas tienen un auténtico deseo de hacer del mundo un lugar mejor.

Lección. Compartir a nivel emocional les ayudará a tener la sensación de conexión con los demás que tanto anhelan.

Luna en Piscis

Almas sensibles, las personas con Luna en Piscis reaccionan ante los retos y sorpresas de la vida teniendo en cuenta los sentimientos y emociones de los demás. Son tan empáticos que a veces les resulta difícil distinguir sus propios sentimientos de los de las personas que los rodean. Es muy importante que su entorno más cercano vele por sus intereses, pues de lo contrario pueden absorber energías negativas o sentirse arrastrados en dos direcciones distintas a la vez. Si una persona con Luna en Piscis es infeliz, puede refugiarse en hábitos poco saludables, cuando en realidad la mejor salida para sus sentimientos es expresarlos a través de la música, el arte, la poesía y la escritura.

Lección. Pueden perderse en los sentimientos de los demás, por lo que deben crear límites para poder concentrarse en sus propias necesidades emocionales.

**Nacemos en
un momento dado,
en un lugar dado y,
como ocurre con el vino,
obtenemos las cualidades
del año y
las circunstancias
en que nacemos.**

CARL JUNG

5.
Los planetas

Hemos hablado de la importancia vital del Sol para describir la personalidad básica y de cómo el signo de la Luna da forma a las emociones. Cuando combinamos todo esto con los rasgos del signo ascendente, nos podemos formar una imagen de la personalidad en su conjunto. Pero, por supuesto, las personas son complejas y únicas, al igual que su perfil astrológico. El siguiente paso es echar un vistazo a los planetas y sus significados, para así obtener un retrato aún más rico de lo que ocurre en el horóscopo de un individuo. Cada planeta tiene su propio conjunto de palabras y frases clave que describen su significado y propósito astrológicos. Cada uno afecta a una parte distinta de la personalidad, dependiendo del signo del Zodiaco en el que se encuentre, de si era o no retrógrado (si parecía estar retrocediendo en su recorrido por el cielo en el momento del nacimiento) y de los ángulos que forme con los demás planetas de la carta astral. Estas relaciones se conocen como «aspectos».

Para conocer la posición y el signo que ocupaba cualquier planeta en el momento de tu nacimiento, puedes buscarlo en un libro de efemérides planetarias o encontrarlo en uno de los sitios web recomendados en la página 122.

Los planetas y su significado

Órbitas de Mercurio y Venus

Tanto Mercurio como Venus tienen órbitas más cercanas al Sol que la Tierra, por lo que sus posiciones en el Zodiaco se sitúan siempre en signos cercanos al astro rey. Por ejemplo, si tienes el Sol en Cáncer, tu Venus solo puede estar dos signos antes o después. Y, si tu signo de Mercurio es Cáncer, está aún más cerca del Sol, por lo que tu signo de Mercurio solo podría encontrarse en el signo inmediatamente anterior a aquel en el que estaba el Sol (Géminis), en el mismo que el Sol (Cáncer) o en el inmediatamente posterior (Leo).

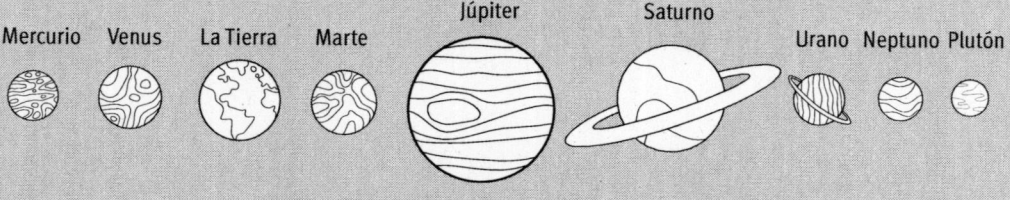

Mercurio   Venus   La Tierra   Marte   Júpiter   Saturno   Urano   Neptuno   Plutón

Mercurio, el planeta de la comunicación

En la mitología griega, a Hermes se lo conocía como el Mensajero de los Dioses y más tarde los romanos lo nombraron Mercurio. En astrología, Mercurio es el planeta de la comunicación y la expresión cotidiana. En la carta astral, Mercurio representa la mente: cómo pensamos, cómo hablamos y qué vocabulario utilizamos. Rige nuestra memoria y nuestros procesos de pensamiento y nos dice si somos pensadores metódicos o genios creativos.

Mercurio muestra cómo sacamos conclusiones y sus aspectos y ángulos con otros planetas describen si somos positivos o negativos, perezosos o pensadores profundos. La posición de Mercurio en tu carta astral indica si te gusta compartir ideas con otras personas o prefieres trabajar solo.

Mercurio retrógrado

Este planeta influye en todo tipo de comunicaciones, viajes y negociaciones. Tres o cuatro veces al año parece detenerse (estación) y luego retroceder (retrógrado) a través del cielo. En realidad, se trata de una ilusión óptica causada por el paso de Mercurio por la Tierra en su órbita: como dos trenes que se cruzan, se crea la ilusión óptica de que uno (Mercurio, en este caso) va hacia atrás. En ese periodo, las áreas de la vida que rige Mercurio pueden parecer alteradas. Los teléfonos dejan de funcionar, los correos electrónicos llegan a los destinatarios equivocados y los malentendidos inundan las conversaciones. Los planes de viaje se complican y los retrasos son más probables. Desde el punto de vista astrológico, no es el momento más indicado para hacer grandes compras o celebrar una conferencia y, más que nunca, se recomienda hacer copias de seguridad de aquello en lo que estemos trabajando.

Aprovechar las épocas de Mercurio retrógrado

Aunque tradicionalmente no son los mejores momentos para comunicarse con otras personas o para viajar, las semanas con Mercurio retrógrado ofrecen un periodo de «tiempo muerto» para la reflexión. Es el mejor momento para aprender más sobre uno mismo, ya que la información procedente del mundo exterior puede ser engañosa. Mercurio retrógrado nos enseña que lo que realmente importa al final es lo que queremos o sentimos. Nos da la oportunidad de asegurarnos de que nos estamos comunicando claramente con nosotros mismos y nos ayuda a proyectar nuestras esperanzas y deseos hacia el mundo exterior de una manera eficaz.

Puedes saber cuándo llega este momento visitando uno de los sitios web que recomiendo al final de estas páginas o buscando las fechas en un libro de efemérides planetarias.

★ Mercurio en la carta astral

Mercurio en signos de fuego (Aries, Leo, Sagitario)

Las personas con Mercurio en signos de fuego tienen ideas repentinas y brotes de inspiración. Piensan con rapidez, toman decisiones en el momento y respaldan sus pensamientos con acciones igual de raudas.

Mercurio en signos de tierra (Tauro, Virgo, Capricornio)

Estas personas son pensadores reflexivos y cautelosos a los que les gusta planificar y organizar sus ideas. Son los típicos creadores de listas para todo.

Mercurio en signos de aire (Géminis, Libra, Acuario)

Las personas con Mercurio en signos de aire son intelectuales, curiosas e ingeniosas. Aprenden rápido, se les dan bien los idiomas y cambian de opinión con rapidez.

Mercurio en signos de agua (Cáncer, Escorpio, Piscis)

Estas personas son intuitivas, perspicaces y de mente fluida. Tienen buena memoria y pueden ver más allá de lo que se dice.

 ## Venus, el planeta de las relaciones

Venus se vincula con lo que valoramos en la vida y con lo que más nos gusta hacer. El planeta del amor y la armonía nos habla de nuestras relaciones con otras personas: cómo, qué y a quién amamos. Representa cómo gastamos o ahorramos dinero, si nos aferramos a él o lo damos libremente. A través de Venus aprendemos lo que nos da placer, nuestras habilidades y talentos y lo que nos hace felices. La posición de Venus en nuestro horóscopo también muestra qué o quién nos atrae, habla de nuestra sexualidad y la forma en que expresamos nuestro amor.

Regente planetario: Tauro y Libra
Palabras clave: relación, dinero, disfrute, amor, romance, arte, armonía, encanto, indulgencia

★ Venus en la carta astral

Venus en signos de fuego (Aries, Leo, Sagitario)

Las personas con Venus en signos de fuego aman con pasión y entusiasmo. Se enamoran con ardor, pero cuando la pasión se agota pasan página rápidamente.

Venus en signos de tierra (Tauro, Virgo, Capricornio)

Quienes tienen Venus en signos de tierra son cuidadosos y atentos con su pareja. Son leales y buscan construir algo estable, seguro y duradero con las personas que les importan.

Venus en signos de aire (Géminis, Libra, Acuario)

Las personas con Venus en signos de aire tienen gustos románticos refinados. Es importante que encuentren a sus parejas estimulantes tanto mental como físicamente.

Venus en signos de agua (Cáncer, Escorpio, Piscis)

Las personas con Venus en signos de agua aman profunda e intensamente. Anhelan una conexión significativa a nivel emocional y la búsqueda de su verdadero amor puede implicar un deseo rayano en la obsesión.

 ## Marte, el planeta de la acción

Marte describe el modo en que nos esforzamos por conseguir lo que deseamos. Su posición en la carta astral muestra el tipo de impulso, energía y entusiasmo de que disponemos y la forma en que decidimos dirigir nuestra fuerza de voluntad. El signo que ocupa Marte muestra qué tipo de energía mostramos a la hora de cambiar las cosas con las que no estamos contentos. Representa nuestra disposición a competir y cómo afrontamos la victoria o el fracaso. Su posición y signo expresan aquello por lo que nos sentimos obligados a luchar, cómo expresamos nuestra propia independencia y cómo damos la cara.

Regente planetario: Aries
Palabras clave: acción, afirmación, egoísmo, impulso, energía, deseo, dirección, agresividad, independencia

★ Marte en la carta astral

Marte en signos de fuego (Aries, Leo, Sagitario)

Marte es más feliz en los signos de fuego, donde se siente enérgico y poderoso.

Las personas con Marte en signos de fuego tienen una gran fuerza de voluntad, energía y entusiasmo que les ayudan a alcanzar sus objetivos y dejar huella en el mundo.

Marte en signos de tierra (Tauro, Virgo, Capricornio)

Quienes tienen Marte en signos de tierra se afirman física o materialmente para organizarse a sí mismos o a los demás a fin de hacer, construir o crear algo sólido y valioso.

Marte en signos de aire (Géminis, Libra, Acuario)

Cuando Marte está en un signo de aire, la asertividad del individuo se muestra de forma intelectual e idealista, pero con una enorme energía para llevar las ideas a término.

Marte en signos de agua (Cáncer, Escorpio, Piscis)

Esta circunstancia confiere al individuo una enorme energía emocional y perspicacia. Estas personas suelen ser almas protectoras y emocionalmente sabias que se imponen con un poder sutil.

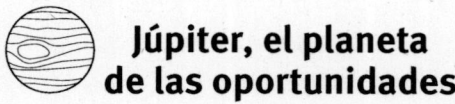

Júpiter, el planeta de las oportunidades

Júpiter es un planeta afortunado y alegre que refleja nuestra creencia y fe tanto en nosotros mismos como en el mundo que nos rodea. Muestra cómo manifestamos la suerte y las oportunidades en la vida. Su posición en la carta astral muestra las habilidades y talentos que tenemos de forma natural y que podemos ampliar, cómo encontramos nuevas oportunidades y la capacidad que tenemos de aprendizaje.

Representa nuestra actitud hacia la libertad y dónde es más probable que nos encontremos con experiencias que nos aporten o que un ángel de la guarda nos ayude entre bastidores.

Regente planetario: Sagitario
Palabras clave: expansión, viajes, filosofía, crecimiento, fe, oportunidad, exceso, optimismo, libertad, suerte, abundancia

★ Júpiter en la carta astral

Júpiter en signos de fuego (Aries, Leo, Sagitario)

Las oportunidades para las personas con Júpiter en signos de fuego llegan cuando toman la iniciativa. Estos individuos crean su propia suerte cuando actúan de acuerdo con aquello en lo que creen.

Júpiter en signos de tierra (Tauro, Virgo, Capricornio)

Las personas con Júpiter en signos de tierra tienen una actitud filosófica hacia el dinero y las posesiones. Es el resultado de la influencia de su ángel de la guarda: los recursos suelen llegar de la nada, justo cuando se necesitan.

Júpiter en signos de aire (Géminis, Libra, Acuario)

La mayor fuente de crecimiento y oportunidades de quienes cuentan con Júpiter en signos de aire proviene de su habilidad para darles forma a pensamientos e ideas y plasmarlos en el mundo real.

Júpiter en signos de agua (Cáncer, Escorpio, Piscis)

Estas personas tienen fe en el poder de sus propias emociones. Cuando confían en sus sentimientos e instintos, la abundancia fluye a través de ellos.

Saturno, el planeta de la disciplina

Donde Júpiter se expande, Saturno se contrae. Este último muestra dónde experimentamos disciplina y control. Saturno describe las áreas de la vida en las que tenemos que trabajar más para tener éxito, de las que aprendemos lecciones duras pero importantes. Este planeta responsable describe cómo podemos cumplir nuestro destino, además de mostrar en qué tenemos dificultades o nos sentimos más débiles. Enfrentarse al karma no siempre es fácil. Saturno influye decididamente en nuestro sentido del propósito y dirección. Este planeta desafiante también otorga el don del tiempo y nos enseña aquello en lo que debemos hacer las cosas bien. Puede ser un duro capataz, pero, cuando nos enfrentamos a su severa mirada, las recompensas son duraderas y nos llenan de una inquebrantable sensación de logro.

> **Regente planetario:** Capricornio
> **Palabras clave:** tiempo, limitación, dificultad, lecciones, karma, trabajo duro, necesidad, profesores, autoridad, logro, miedo

★ Saturno en la carta astral

Saturno en signos de fuego (Aries, Leo, Sagitario)

Quienes tienen Saturno en signos de fuego descubren lo que significa tomar la iniciativa y ser autosuficientes. Explorar las grandes capacidades creativas es la clave de la autoestima de estas personas.

Saturno en signos de tierra (Tauro, Virgo, Capricornio)

Estas personas están aprendiendo el valor del dinero y a responsabilizarse de cómo se consideran o se apoyan a sí mismas, o cómo hacen uso de los recursos de otras personas. Puede aparecer el miedo a perder la seguridad.

Saturno en signos de aire (Géminis, Libra, Acuario)

Estos individuos experimentan timidez o dificultad para expresar sus pensamientos o quizás miedo a hacer el ridículo o a que no se los tome en serio.

Saturno en signos de agua (Cáncer, Escorpio, Piscis)

Estas personas pueden asustarse por la intensidad de sus sentimientos. Quizá se tienen que enfrentar a la negación o la represión, o mostrarse reacios a expresar sus reacciones inmediatas.

El retorno de Saturno

||||||||||||||||||||||||||||||||||||||||||||||||||||||

Cada 28-29,5 años, Saturno regresa a la misma posición de la carta astral que ocupaba al nacer una persona. Se trata de un rito de paso cósmico en el que a menudo sentimos ansiedad o presión para actuar como adultos. Puede ser un momento de crisis en el que uno se da cuenta de que va en la dirección equivocada o de que la vida que está viviendo no es exactamente la que pensaba que sería. A menudo, es cuando nos damos cuenta de que tenemos mucho trabajo por hacer antes de llegar a donde queremos estar. Por otra parte, Saturno puede traernos responsabilidades adicionales o ascensos de los que nos alegramos profundamente, así como una oportunidad excepcional de probarnos a nosotros mismos ante los demás. Normalmente, en la segunda ocasión en que esto ocurre, cuando tenemos entre 56 y 60 años, podemos revisar nuestros objetivos vitales de las últimas tres décadas y se nos ofrece una segunda oportunidad para perfeccionarlos aún más.

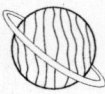

Urano, el planeta rebelde

Urano es el planeta del cambio, de la rebelión y de las consecuencias inesperadas. Este astro cambiante aporta una nueva forma de abordar los problemas de la vida a través de acciones originales o incluso poco ortodoxas. Su influencia errática, a veces extraña, nos estimula a probar cosas nuevas o nos muestra qué partes de nuestro carácter son únicas, o dónde nos negamos a doblegarnos a lo que la sociedad espera de nosotros. Cuando las personas están en sintonía con las energías de Urano pueden ser auténticos revolucionarios, extremadamente inspiradores e iluminadores, con momentos de genialidad que cambian la vida.

Regente planetario: Acuario
Palabras clave: cambio, excéntrico, imprevisible, errático, inspirador, iluminador, rebelde, moderno, comunidad

★ Urano en la carta astral

Urano en signos de fuego (Aries, Leo, Sagitario)

Quienes tienen Urano en signos de fuego cuentan con un espíritu independiente y pionero y no les asusta ser diferentes. Están orgullosos de destacar entre la multitud, a menudo proponen soluciones poco convencionales a sus propios problemas y disfrutan sorprendiendo a la gente.

Urano en signos de tierra (Tauro, Virgo, Capricornio)

Estas personas tienden a adoptar un enfoque poco convencional sobre cómo ganan o gastan el dinero y, a menudo, tienen un trabajo inusual o un estilo de vida peculiar. Les interesa crear un espíritu de comunidad y les gusta compartir sus recursos para llevar una existencia más solidaria.

Urano en signos de aire (Géminis, Libra, Acuario)

Urano se lleva muy bien con los signos de aire. La combinación produce una energía poco convencional y quienes se benefician de ella se encuentran a gusto en el mundo de las ideas y la invención. Estas personas suelen hablar sin pensar, lo que puede resultar divertido —aunque a veces molesto— para los demás.

Urano en signos de agua (Cáncer, Escorpio, Piscis)

Las personas que tienen Urano en signos de agua pueden sentirse un poco incómodas con su naturaleza emocional y prefieren intentar adoptar ante cualquier sentimiento incómodo un enfoque lógico. Pero, si estos individuos no se toman suficientemente en serio sus emociones, los sentimientos que no dejen aflorar lo acabarán haciendo de forma sorprendente.

 ## Neptuno, el planeta imaginativo

Neptuno rige la mente subconsciente, la espiritualidad, las fuerzas invisibles y la sensibilidad. Difícil de clasificar, Neptuno también representa la capacidad de engañar o ser engañado, de creer, de construir ilusiones, pero también la percepción psíquica, la intuición y el instinto. Representa el poder de la imaginación, las capacidades artísticas y la empatía. La posición del dios del mar en la carta astral muestra de qué te desprendes y lo que despierta compasión por los demás. Describe nuestros sueños, nuestra mente inconsciente y nuestras ilusiones románticas. El signo y la posición de Neptuno en la carta astral pueden poner de relieve, metafóricamente hablando, a nuestros salvadores y a nuestros verdugos.

Regente planetario: Piscis
Palabras clave: sexto sentido, místico, decepción, espiritual, compasión, caridad, pérdida, confusión, romanticismo, ideales

★ Neptuno en la carta astral

Neptuno en signos de fuego (Aries, Leo, Sagitario)

Las personas con Neptuno en signos de fuego son magnéticas y glamurosas, pero a menudo difíciles de conocer. Siempre dejan a la gente con la boca abierta, pero también suelen ser un misterio para sí mismos.

Neptuno en signos de tierra (Tauro, Virgo, Capricornio)

Estas personas pueden ser poco prácticas o evasivas con respecto al dinero y las posesiones, y a veces les cuesta aferrarse a lo que tienen.

Neptuno en signos de aire (Géminis, Libra, Acuario)

Las personas con Neptuno en signos de aire fomentan las capacidades imaginarias y visionarias. Pero también puede acentuar fantasías escapistas o ideas poco realistas.

Neptuno en signos de agua (Cáncer, Escorpio, Piscis)

El agua es el elemento propio de Neptuno, por lo que el planeta se siente cómodo aquí. Estas personas ven acrecentadas sus capacidades emocionales e intuitivas, pero también pueden fomentar el desapego o la negación.

Plutón, el planeta transformador

Plutón fue descubierto en 1930 y, debido a su lentitud de desplazamiento por los signos zodiacales, se lo conoce como «el planeta generacional». Desde su descubrimiento, solo ha recorrido siete signos del Zodiaco. Pero su posición en la carta astral revela mucho sobre los aspectos ocultos u oscuros de nuestro carácter, así como las herramientas de que disponemos para sacarlos a la luz. Este planeta muestra dónde sondear las profundidades de nuestro carácter o experiencia, y de qué manera derribamos lo que no nos sirve y regeneramos nueva vida y energía. No hace las cosas a la ligera. Si hay algo que hemos estado ocultando o que nos da miedo, Plutón nos obliga a enfrentarnos a esos demonios. No es un proceso cómodo, pero los cambios que Plutón impone acaban por curarnos y hacer que nos perdonemos a través de la comprensión de nuestras emociones y aspectos menos agradables.

Regente planetario: Escorpio
Palabras clave: muerte, sexo, transformación, regeneración, deseo, poder, destrucción, obsesión, secretos, profundidades ocultas, perspicacia

★ Plutón en la carta astral

Plutón en signos de fuego (Aries, Leo, Sagitario)

Las personas con Plutón en signos de fuego se transforman de forma sorprendente y creativa. A estos individuos les gusta estar al mando y aprenden grandes lecciones del efecto que su poder tiene sobre los demás, o se curan al darse cuenta del poder que los demás tienen sobre ellos.

Plutón en signos de tierra (Tauro, Virgo, Capricornio)

Estas personas transforman y curan dándoles la vuelta a viejos sistemas de valores y creando soluciones nuevas y mejores que sanan viejas heridas. El cambio es lento, pero permanente y esclarecedor.

Plutón en signos de aire (Géminis, Libra, Acuario)

Las personas con Plutón en signos de aire quieren llegar al fondo de lo que pensamos. Se transforman y curan revolviendo sus propias profundidades psicológicas y haciendo las paces con cualquier demonio que encuentren, o ayudando a otros a lidiar con su propia angustia mental.

Plutón en signos de agua (Cáncer, Escorpio, Piscis)

Las personas con Plutón en signos de agua se enfrentan a menudo a una crisis en la que se ven confrontadas con sus propias profundidades emocionales reprimidas u ocultas, o tienen que lidiar con los intensos dramas emocionales de los demás. La curación llega a través de la aceptación, la honestidad y el perdón.

6.
Astrología y relaciones

La forma más precisa de averiguar si dos o más personas se llevarán bien es analizar las cartas astrales de cada una de ellas mediante técnicas astrológicas conocidas como *sinastría* o comparación de cartas compuestas. Sin embargo, la compatibilidad de los signos solares implicados sigue teniendo una importancia fundamental, ya que el Sol representa nuestro ego básico, es decir, quiénes somos en realidad. Algunos signos del Zodiaco se llevan mejor con unos que con otros porque comparten rasgos y cualidades similares o, como ocurre con los signos opuestos del Zodiaco, nos hacen ver lo que necesitamos explorar en nosotros mismos.

Tríadas, tétradas y polaridades

Tríadas - tipos de elementos compatibles

Cada signo tiene un tipo elemental (fuego, tierra, aire o agua) que comparte con otros dos signos. Quienes forman parte de estas tríadas suelen entenderse y llevarse bien, pero también se sienten atraídos por su elemento opuesto, o pueden aprender de él. Por regla general, los signos de fuego simpatizan con los de aire y los de agua con los de tierra.

△ **Signos de fuego:**
Aries, Leo, Sagitario

Compatibles con signos de aire
Las personas de signos de fuego son entusiastas, espontáneas y activas. Se aburren con demasiada planificación práctica (tierra) o se sienten incómodos expresándose (agua). Pero aprenden analizando más (aire).

▽ **Signos de tierra:**
Tauro, Virgo, Capricornio

Compatibles con signos de agua
Las personas con signos de tierra son prácticas, estables y conservadoras. Desconfían del exceso de espontaneidad (fuego) o de la falta de sentido práctico (aire), pero comparten la comprensión de las emociones de los individuos con los signos de agua.

Signos de aire:
Géminis, Libra, Acuario

 Signos de agua:
Cáncer, Escorpio, Piscis

Compatibles con signos de fuego

Los individuos con signos de aire son intelectuales, versátiles y analíticos. Se agobian con las emociones invasivas de las personas con signos de agua y se sienten molestos por la lentitud de aquellas con signos de tierra para pasar a la acción. Pero aprenden de la asertividad de quienes tienen signos de fuego.

Compatibles con los signos de tierra

Las personas con signos de agua son intuitivas, emocionales e imaginativas. Desconfían de la brusquedad de quienes tienen signos de fuego y consideran que el exceso de intelectualidad, propia de quienes tienen signos de aire, es palabrería vacía. Pero comprenden la necesidad de estructura y deliberación de los individuos con signos de tierra.

Tétradas y polaridades

El Zodiaco también se divide en tres grupos de cuatro signos conocidos como *tétradas*, que comparten las mismas cualidades. Estos se denominan «cardinales», «fijos» y «mutables», y se agrupan de la siguiente manera:

✭ Tétradas

Signos cardinales: Aries, Libra, Cáncer, Capricornio. Extrovertidos, creativos y emprendedores.

Signos fijos: Tauro, Escorpio, Leo, Acuario. Obstinados o rígidos en cuanto a opiniones o sentimientos.

Signos mutables: Géminis, Sagitario, Virgo, Piscis. Flexibles, versátiles y tolerantes.

✭ Polaridades

Los seis signos zodiacales opuestos tienen la misma tétrada y cada polaridad refleja la necesidad de equilibrio en determinados ámbitos de la vida:

Aries-Libra. El yo frente al otro (cardinal).

Tauro-Escorpio. Forma frente a transformación (fijo).

Géminis-Sagitario. Detalles frente a perspectiva amplia (mutable).

Cáncer-Capricornio. Vida personal frente a carrera profesional (cardinal).

Leo-Acuario. Individualidad frente a formar parte de un grupo (fijo).

Virgo-Piscis. Orden contra caos (mutable).

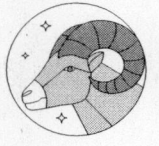 # Relaciones de los Aries

Veamos ahora cómo se relacionan los Aries con los demás en el amor y en el trabajo.

Amor

Quieren a alguien que sea tan apasionado y entusiasta como ellos en el amor. Necesitan aventuras y se aburren con facilidad. No quieren hablar de sus sentimientos todo el tiempo, pero disfrutan de una vida sexual activa y necesitan una pareja aventurera.

Los signos más compatibles:
Leo, Sagitario, Libra.
Los menos compatibles:
Tauro, Piscis.

Trabajo

Les gusta ser el jefe y necesitan a personas que los respeten como líder. Les gusta tomar la iniciativa y esperan que los demás sean abiertos y francos con sus ideas, y libres con sus pensamientos y creatividad. Respetan mucho a los que dicen lo que piensan y esperan que los demás hagan lo propio.

Los signos más compatibles:
Aries, Sagitario, Géminis.
Los menos compatibles:
Escorpio, Virgo.

Relaciones de los Tauro

Amor

No se lanzan a las relaciones sin sopesar cuidadosamente las consecuencias de sus actos. Una vez comprometidos, son compañeros ardientes, cariñosos y leales que moverán montañas por las personas a las que aman. El cambio les puede resultar perturbador, por lo que necesitan a alguien que respete su necesidad de rutina y comodidad.

> **Los signos más compatibles:**
> Cáncer, Escorpio, Virgo.
> **Los menos compatibles:**
> Leo, Acuario.

Trabajo

Son trabajadores muy organizados. Necesitan estructura y saber qué se espera de ellos en el día a día. No rompen las reglas y no responden bien a la incertidumbre. Pero, cuando se sienten seguros y valorados, responden siendo el jefe o el empleado más leal posible.

> **Los signos más compatibles:**
> Capricornio, Cáncer, Tauro.
> **Los menos compatibles:**
> Géminis, Acuario.

 # Relaciones de los Géminis

Amor

Para los Géminis, el amor tiene que comunicarse: sin una interacción regular y un análisis de sus pensamientos y sentimientos, pueden acabar sacando sus propias conclusiones, que probablemente no tengan mucho que ver con la realidad. Las emociones abrumadoras les pueden asustar, por lo que prefieren racionalizar sus sentimientos. Necesitan una pareja con la que puedan ser sinceros para que no haya secretos que bloqueen el flujo de comunicación.

Los signos más compatibles:
Sagitario, Libra, Leo.
Los menos compatibles:
Tauro, Escorpio.

Trabajo

No siempre son los más prácticos en el trabajo, pero nunca les falta una buena idea. Son capaces de realizar varias tareas a la vez y de pensar en distintas cosas. Les encanta intercambiar ideas con los demás, son excelentes para establecer contactos y brillantes investigadores.

Los signos más compatibles:
Libra, Acuario, Virgo.
Los menos compatibles:
Capricornio, Piscis.

 # Relaciones de los Cáncer

Amor

Irradian sus vibraciones cariñosas en sus hijos, parientes, amantes y mascotas. Incluso las plantas reciben bien el afecto de un Cáncer. Como están tan en sintonía en el plano emocional, pueden ser hipersensibles y sentirse heridos por cualquier crítica que perciban. Si un Cáncer se siente inseguro o poco querido, se refugia en su caparazón hasta que sienta que puede salir.

Los signos más compatibles:
Capricornio, Piscis, Cáncer.
Los menos compatibles:
Acuario, Leo.

Trabajo

Son profesionales astutos, tenaces e intuitivos. Pueden estar un poco a la defensiva o mostrarse tímidos si se les exige algo, incluso si se les pide que hablen de sus éxitos. Les gusta más desempeñar un papel secundario que ser el centro de atención, pero en el fondo saben que es gracias a ellos que todo es un éxito rotundo.

Los signos más compatibles:
Virgo, Libra, Escorpio.
Los menos compatibles:
Géminis, Leo.

Relaciones de los Leo

Amor

Cuando los Leo están enamorados, quieren proclamarlo a los cuatro vientos. El amor los llena de esperanza y alegría y lo irradian como su astro regente, el mismísimo Sol. Colocan a la persona que adoran en el centro de su universo, pero se sienten muy decepcionados si el objeto de sus afectos no les devuelve ese amor con la misma energía que ellos demuestran.

Los signos más compatibles:
Acuario, Libra, Sagitario.
Los menos compatibles:
Tauro, Capricornio.

Trabajo

Les encanta ser el jefe; es el orden natural del Zodiaco. Es el papel en el que se sienten más cómodos y esperan que los demás respeten su autoridad. Son exigentes pero comprensivos con sus colegas y esperan que se reconozca el trabajo bien hecho. Un Leo infravalorado en el trabajo es triste de ver.

Los signos más compatibles:
Aries, Géminis, Tauro.
Los menos compatibles:
Piscis, Virgo.

Relaciones de los Virgo

Amor

Los Virgo, moderados por naturaleza, se acercan a la pasión con un poco de reserva, pero cuando se sienten seguros y queridos florecen. Son amantes reflexivos y amables que se fijan hasta en los más pequeños detalles del comportamiento de su pareja, lo que puede resultar muy entrañable, pero a veces pueden resultar un poco intensos.

Los signos más compatibles:
Capricornio, Tauro, Piscis.
Los menos compatibles:
Aries, Leo.

Trabajo

Si quieres que se haga algo, pídeselo a un Virgo. Los Virgo siempre están ocupados, incluso cuando no tienen nada que hacer... Siempre hay algo por tachar de su lista. Son implacablemente eficientes, inteligentes y aplicados en el trabajo, pero pueden sufrir estrés si no se toman tiempo para relajarse.

Los signos más compatibles:
Tauro, Géminis, Aries.
Los menos compatibles:
Piscis, Leo.

Relaciones de los Libra

Amor

Libra es el signo del Zodiaco que más se asocia con el amor y las relaciones: son grandes románticos. A veces pueden estar más enamorados de la idea del amor que de su puesta en práctica, pero colman a su pareja de verdadero afecto, calidez y emoción. Los Libra deben recordar que son seres humanos independientes y que no siempre la pareja piensa o actúa como una unidad.

Los signos más compatibles:
Aries, Géminis, Tauro.
Los menos compatibles:
Sagitario, Virgo.

Trabajo

Por encima de todo, los Libra necesitan un entorno de trabajo armonioso. Saben llevarse bien con todo tipo de personas, pero sienten la tensión cuando los demás están enfrentados. A menudo, las relaciones con sus compañeros son más importantes para ellos que el propio trabajo.

Los signos más compatibles:
Leo, Géminis, Aries.
Los menos compatibles:
Piscis, Leo.

Relaciones de los Escorpio

Amor

Tienen reputación de personas algo alocadas, pero solo porque viven el amor de una forma intensamente apasionada. Son expertos en disimular sus verdaderos sentimientos, a menos que tengan una pareja en la que puedan confiar de verdad. Necesitan a alguien que no tenga miedo a la intimidad real y con quien puedan compartir sus secretos y experiencias más profundas.

Los signos más compatibles:
Escorpio, Cáncer, Tauro.
Los menos compatibles:
Leo, Géminis.

Trabajo

Los Escorpio tienen enormes reservas de energía y, cuando disfrutan con su trabajo, sobresalen en él. Pero necesitan desempeñar funciones que les gusten, de lo contrario pueden aburrirse. Toda esa pasión por la vida tiene que canalizarse, así que deben tener una afición que responda a sus gustos.

Los signos más compatibles:
Capricornio, Libra, Cáncer.
Los menos compatibles:
Leo, Aries.

Relaciones de los Sagitario

Amor

Son muy independientes, así que cuando se enamoran puede resultarles un poco abrumador. Están acostumbrados a querer espacio, por lo que la cercanía puede desequilibrarlos un poco. Sin embargo, cuando asumen el amor como una aventura con descubrimientos sobre su pareja y sobre sí mismos, se sumergen en la relación de forma plena.

Los signos más compatibles:
Leo, Libra, Aries.

Los menos compatibles:
Capricornio, Tauro.

Trabajo

Los Sagitario son grandes pensadores. No se centran en los detalles ni quieren agobiarse con los aspectos prácticos. Una rutina predecible no es lo más recomendable para ellos. Tienen buena predisposición y energía para poner en marcha sus ideas, pero no dejes que se acerquen a un presupuesto; lo agotarán antes incluso de contar hasta tres.

Los signos más compatibles:
Tauro, Leo, Libra.

Los menos compatibles:
Virgo, Piscis.

Relaciones de los Capricornio

Amor

No son impulsivos ni entablan relaciones a la ligera. Pueden ser extremadamente exigentes porque saben que, si deciden comprometerse con alguien, se tomarán muy en serio el vínculo con esa persona. Pueden parecer distantes o reservados en el amor, pero se trata de una estrategia para encubrir una timidez natural o una situación de incertidumbre. Pueden sentirse profundamente heridos, pero nunca lo sabrás. Los Capricornio y sus parejas se benefician de la honestidad emocional y la empatía.

Los signos más compatibles:
Virgo, Cáncer, Piscis.
Los menos compatibles:
Géminis, Leo.

Trabajo

Son los expertos en negocios más consumados del Zodiaco. Son astutos, decididos y ambiciosos, y saben instintivamente cómo llegar a la cima de la carrera que han elegido. Son trabajadores, prácticos y aprenden rápidamente de sus errores y éxitos.

Los signos más compatibles:
Capricornio, Tauro, Cáncer.
Los menos compatibles:
Géminis, Acuario.

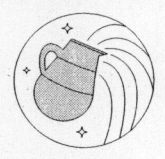

Relaciones de los Acuario

Amor

Son independientes en extremo y necesitan una pareja que no sea demasiado invasiva ni dependa de ellos para su seguridad emocional. Se rebelan contra los roles tradicionales y su vida amorosa puede ser un poco distinta a la habitual. Pero siempre que exista una relación intelectual, son compañeros sabios e interesantes.

Los signos más compatibles:
Virgo, Cáncer, Piscis.
Los menos compatibles:
Géminis, Leo.

Trabajo

Pensadores originales y enfocados en las mejoras, los Acuario quieren liderar el cambio. Son excelentes políticos o portavoces de aquellos a los que les cuesta hablar por sí mismos. En el trabajo, el aburrimiento es su enemigo, pues no disfrutan con las tareas cotidianas y necesitan a alguien que se ocupe de los aspectos prácticos.

Los signos más compatibles:
Capricornio, Aries, Sagitario.
Los menos compatibles:
Leo, Piscis.

 # Relaciones de los Piscis

Amor

Son personas misteriosas, compasivas y emocionales que viven para el romance, pero que pueden pasar tanto tiempo fantaseando con el amor como tratando de encontrarlo. Cuando descubren a alguien especial y compatible, pueden alumbrar la relación perfecta. Sin embargo, no estaría de más que de vez en cuando pusieran los pies en la tierra con su pareja.

Los signos más compatibles:
Virgo, Escorpio, Cáncer.
Los menos compatibles:
Acuario, Libra.

Trabajo

Son creativos, cuentan con una gran imaginación y destacan como artistas, escritores y músicos. No son las personas más autodisciplinadas y huyen del protagonismo justo cuando más lo necesitan. A menudo, un pequeño estímulo o la confianza que los demás depositan en ellos es todo lo que necesitan para sobresalir en lo que hacen.

Los signos más compatibles:
Piscis, Acuario, Escorpio.
Los menos compatibles:
Tauro, Libra.

Recuerda que estas descripciones se basan en los tipos de personalidad de los signos solares. Si se incluyeran la compatibilidad de la Luna, los signos ascendentes y el resto de los planetas, tendríamos un segundo libro. Así que no te desanimes si encuentras a alguien de signo «menos adecuado», pero con quien te lleves bien: tu signo solar es solo una parte.

7.
Todo sobre las cartas astrales

ARIES

TAURO

GÉMINIS

CÁNCER

LEO

VIRGO

LIBRA

ESCORPIO

SAGITARIO

CAPRICORNIO

ACUARIO

PISCIS

Una carta astral es una imagen de cómo era el cielo en el momento del nacimiento de una persona. Cuanto más precisa sea la hora, más información se puede ofrecer. Las cartas astrales también pueden elaborarse para acontecimientos concretos. Se crean para consultar qué tipo de condiciones planetarias se daban al inicio de una guerra, la coronación de una reina, el auge de un movimiento político o cuando a alguien conocido le tocó la lotería. Puedes consultar la carta astral de cualquier momento para obtener información sobre lo que es probable que ocurra o a fin de saber lo que ocurrió o lo que está ocurriendo ahora. Tanto si se trata de la carta astral de una persona como de un acontecimiento, ambas comparten las mismas características.

Las doce casas

El círculo de 360 grados de la carta astral contiene doce secciones conocidas como «casas». Cada casa rige un ámbito concreto de la vida, como se indica a continuación:

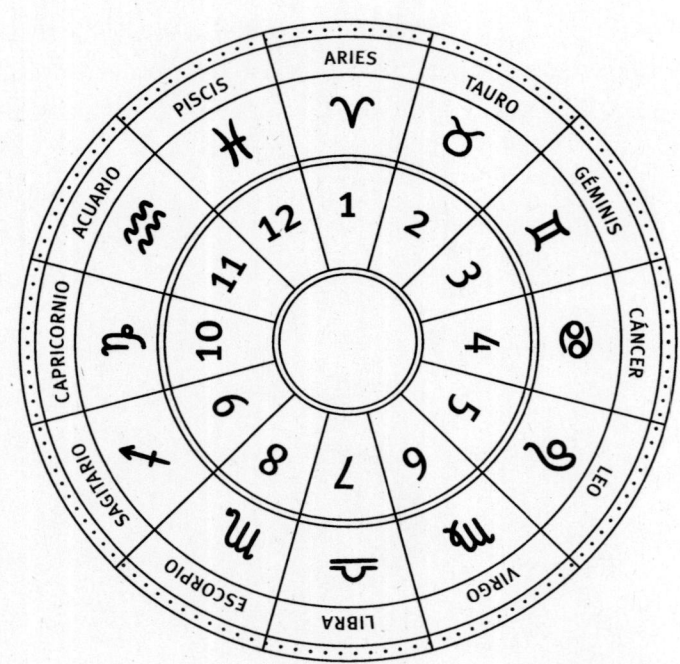

1. **Primera casa, asociada a Aries**
   El yo, la apariencia, la identidad, el carácter.

2. **Segunda casa, asociada a Tauro**
   Dinero, talento, posesiones, habilidades, ingresos.

3. **Tercera casa, asociada a Géminis**
   Hermanos, comunicación, viajes de corta distancia, vecinos.

4. **Cuarta casa, asociada a Cáncer**
   La madre, el hogar y la vida doméstica, el pasado.

5. **Quinta casa, asociada a Leo**
   Amoríos, creatividad, juego, hijos.

6. **Sexta casa, asociada a Virgo**
   Salud, trabajo rutinario, mascotas, organización.

7. **Séptima casa, asociada a Libra**
   Relaciones, otras personas, adversarios.

8. **Octava casa, asociada a Escorpio**
   Sexo, muerte, finanzas conjuntas, lo oculto.

9. **Novena casa, asociada a Sagitario**
   Viajes de larga distancia, educación, fe.

10. **Décima casa, asociada a Capricornio**
    Éxito mundano, profesión, padre, ambiciones.

11. **Undécima casa, asociada a Acuario**
    Amigos, grupos, movimientos, ideales.

12. **Duodécima casa, asociada a Piscis**
    Karma, espiritualidad, el inconsciente, sueños.

Los cuatro ángulos

La carta astral tiene cuatro puntos importantes conocidos como «ángulos». El primero es siempre el ascendente, o signo ascendente, esto es, el signo del Zodiaco que se elevaba en el horizonte oriental en el momento en que nació la persona (o tuvo lugar el acontecimiento). Los otros ángulos son el descendente, el *imum coeli* y el *medium coeli*, también conocido como *medio cielo*.

Ascendente (AC), la primera casa

Es el punto que se asocia más personalmente con la persona, es su signo ascendente, su forma de reaccionar ante el mundo que lo rodea.

Imum coeli (IC), la cuarta casa

Situado en el punto sur de la carta astral, describe la vida hogareña, la infancia, el pasado y las raíces de la persona.

Descendente (DC), la séptima casa

El el opuesto al ascendente. Este punto alude al «otro» y, por lo tanto, describe el tipo de relaciones que tiene la persona.

Medium coeli (MC), la décima casa

El medio cielo está en el punto norte de la carta astral y muestra las ambiciones mundanas de la persona y sus oportunidades de éxito.

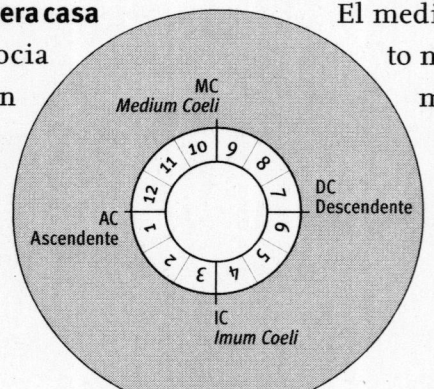

Los símbolos de los planetas, signos y aspectos

Cada planeta y signo tiene un glifo o símbolo, como se indica a continuación:

Planetas

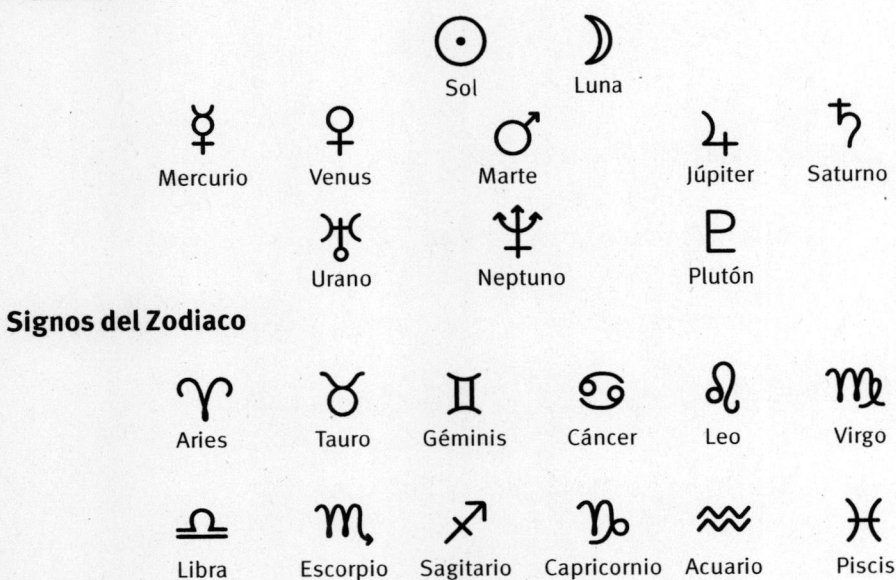

Signos del Zodiaco

Aspectos planetarios

Los aspectos son conexiones que forman los planetas del horóscopo cuando se encuentran a una determinada distancia unos de otros y, por tanto, describen distintos tipos de energía. Suelen mostrarse en forma de símbolos en una cuadrícula aparte junto al horóscopo. Pero también aparecen con frecuencia como líneas que atraviesan la propia carta.

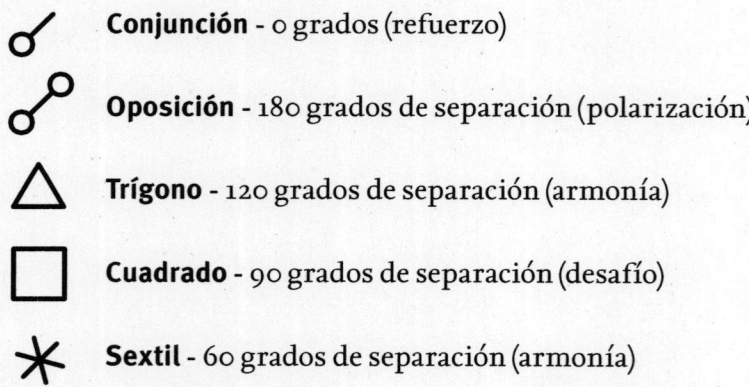

Conjunción - 0 grados (refuerzo)

Oposición - 180 grados de separación (polarización)

Trígono - 120 grados de separación (armonía)

Cuadrado - 90 grados de separación (desafío)

Sextil - 60 grados de separación (armonía)

La astrología
es un lenguaje.
Si lo entiendes,
el cielo te hablará.

DANE RUDHYAR

Un ejemplo de carta astral

Carta astral de una persona nacida el 1 de mayo de 1969 a las 17.55 horas en Glasgow, Escocia, utilizando el sistema de casas iguales.

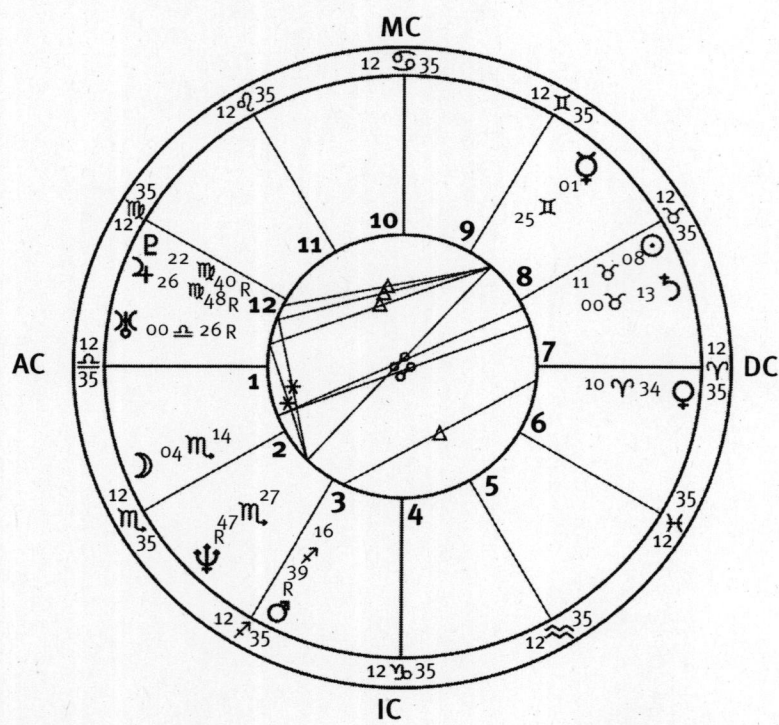

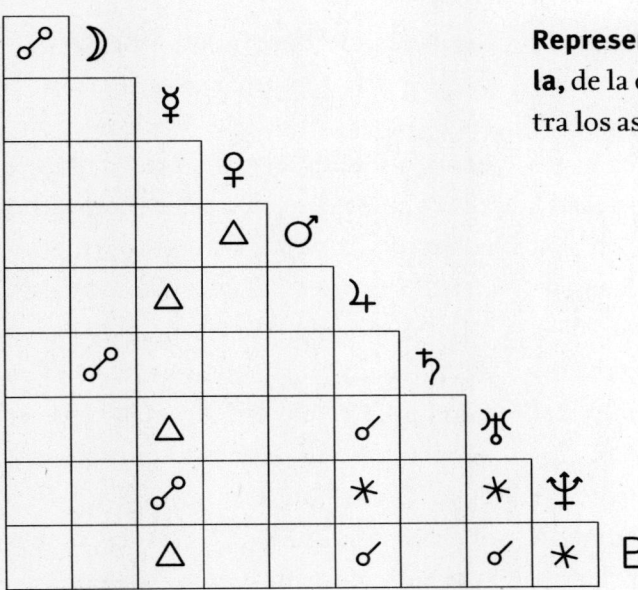

Representación, en forma de cuadrícula, de la carta astral opuesta, que muestra los aspectos de cada planeta.

En la carta astral verás un círculo con los doce signos zodiacales marcados en secciones de 30 grados, colocados en sentido contrario a las agujas del reloj alrededor del círculo exterior. Las posiciones exactas de estos signos se calculan a partir del signo ascendente. El ascendente muestra el signo y los planetas que ascendían o se elevaban en el horizonte cuando nació la persona estudiada. Se considera un aspecto de vital importancia en la carta astral porque simbólicamente se relaciona con el punto por el que sale el sol al amanecer cada mañana, aportando su luz vital al planeta.

En la astrología occidental, el signo ascendente siempre se representa a la izquierda de la carta, y no a la derecha, como en los mapas. Esto se debe a que la carta se dibuja desde la perspectiva de la persona a la que se asocia la carta, por lo que el este y el oeste se encuentran invertidos.

En el ejemplo expuesto se puede observar que exactamente a las 17.55 del 1 de mayo de 1969 en Glasgow el signo ascendente en el horizonte oriental era Libra (12 grados y 35 minutos para ser exactos). El signo ascendente siempre se encuentra en la cúspide (línea divisoria) de la primera casa, la parte del horóscopo más asociada con el yo. A partir de aquí, los otros once signos se dibujan en el sentido contrario a las agujas del reloj, hasta completar el círculo. Los doce segmentos interiores de la carta se conocen como casas. Existen diferentes sistemas de casas, pero el más fácil de entender es el de casas iguales, en el que estas siempre permanecen en la misma posición: la primera casa empieza sin excepción en el ascendente. En el ejemplo, puedes ver una serie de números alrededor del círculo central de la carta.

Interpretación básica

Los planetas en la carta

Observando la carta del ejemplo, podemos ver que esta persona nació con el signo de Libra en el horizonte oriental (tiene un signo ascendente de Libra). El Sol estaba en Tauro en la séptima casa y la Luna en el signo de Escorpio en la segunda casa. Mercurio estaba en Géminis en la octava y Marte en Sagitario en la tercera casa. Venus se encontraba en Aries en la sexta. Júpiter, en Virgo en la duodécima y Neptuno, en Escorpio en la segunda. Urano estaba en Libra en la duodécima y Plutón también estaba en la duodécima casa, pero en el signo de Virgo.

Sol, Luna y signo ascendente

Entonces, ¿cómo hacemos una lectura de la carta de alguien a través de todos estos símbolos y signos? En el ejemplo que figura más arriba, podemos suponer —empezando por el Sol (núcleo de la personalidad) en Tauro— que se trata de una persona por lo general estable, fiable y paciente, quizás alguien a quien le gusta la rutina y que puede llegar a ser un poco testarudo. El Sol está en la séptima casa, lo que se asocia con Libra (relaciones/equilibrio y armonía), por lo que ese individuo tiene la necesidad de descubrirse a sí mismo a través de la interacción y las experiencias con los demás para sentirse completo. Estas características se ven acentuadas por la

Luna (emociones), que está situada en Escorpio, el signo opuesto de Tauro. A Tauro le gusta construir y mantenerse seguro, mientras que Escorpio prefiere destruir o transformar. Por lo tanto, debería existir una dicotomía en la vida de esta persona. Como el signo ascendente (la imagen que uno prefiere mostrar al mundo) está en el diplomático y sociable Libra, esta persona desea ser considerada como alguien agradable, de mente justa y socialmente consciente, por lo que a veces puede encontrar sus emociones bastante intrusivas, especialmente porque la Luna está en la primera casa, que rige la apariencia.

Mercurio, Venus, Marte

En la carta del ejemplo, Mercurio (comunicación) está en su propio signo, Géminis, lo que hace de él un planeta especialmente fuerte. Esto podría sugerir amor por las palabras, propio de un escritor u orador, sin duda alguien con una mente inquieta o una gran actividad mental. Como Mercurio (pensamiento/comunicación) está en la octava casa (muerte/sexo/emociones profundas), la persona tiene la necesidad de sentir una conexión mental con los demás a un nivel profundo. Venus (amor/belleza) en Aries puede indicar dinamismo, disfrute infantil, valentía e impulsividad, y en la sexta casa (Virgo/salud/rutina) puede sugerir la necesidad de embellecer de alguna manera la rutina diaria y el disfrute a través del trabajo minucioso. Marte (el deseo de actuar) en Sagitario muestra un enfoque extrovertido y entusiasta de la vida y en la tercera casa (Géminis/comunicación), una actitud filosófica, inteligente o propia de alguien de mente amplia.

Júpiter, Saturno

Júpiter (crecimiento/suerte) está en Virgo (orden, detalle), lo que indica un enfoque realista, pero también puede vincularse con alguien que dedica demasiado tiempo a ultimar los detalles de grandes proyectos. Júpiter en la duodécima casa (Piscis/inconciencia/sexto sentido) podría significar que la persona tiene una imaginación desbordante. Saturno (restricción) está en Tauro (estabilidad, seguridad) en la séptima casa (Libra/relaciones), lo que podría significar que esta persona se siente cómoda con una pareja mayor o quizás ha tenido que hacer frente a situaciones difíciles en una relación de larga duración.

Urano, Neptuno, Plutón

Urano (cambio/rebelión) en Libra (relaciones/equilibrio) en la duodécima casa (sueños/espiritualidad) alude a una persona que tiene una conexión especial, psíquica, con las personas más cercanas. Este individuo siente fascinación por lo sobrenatural, experimenta sueños vívidos o inusuales y puede sufrir problemas de sueño o sufrir una inquietud interior difícil de describir. Con Neptuno (imaginación/pérdida) en Escorpio (emoción poderosa), esta persona probablemente tiene una gran imaginación; en la segunda casa (Tauro/dinero/talento) indicaría un enfoque poco práctico con respecto al dinero o, al menos, cierta dificultad para conservar lo que posee. Neptuno en la segunda casa se vincula con una persona que muestra aptitudes y habilidades artísticas que podrían constituir un ingreso lucrativo. Plutón (transformación) en Virgo (organización, detalles) describe a una persona a la que le disgusta el desorden; en la duodécima casa (Piscis/sueños) tiene que ver con el autoanálisis o la «puesta en orden» de su propio subconsciente. Esta persona podría ser un excelente psicoterapeuta.

Aspectos en la carta del ejemplo

La cuadrícula que sigue a la carta astral muestra los aspectos planetarios, es decir, los ángulos que forman los planetas entre sí. Se muestran como líneas entrecruzadas en el centro de la carta astral. Los principales aspectos del ejemplo son los siguientes:

★ **El Sol se opone a la Luna**
El Sol (carácter central) polariza con la Luna (emociones).

★ **La Luna se opone a Saturno**
La Luna (emociones) polariza con Saturno (restricción).

★ **Venus en trígono con Marte**
Venus (amor/belleza) en armonía con Marte (deseo de acción).

★ **Neptuno en sextil con respecto a Urano, Júpiter y Plutón**
Neptuno (intuición) en armonía con Urano (cambio), Júpiter (suerte/expansión) y Plutón (transformación).

★ **Mercurio en trígono con Urano, Júpiter y Plutón**

Mercurio (comunicación) armoniza con Urano (cambio), Júpiter (suerte/expansión) y Plutón (transformación).

★ **Neptuno se opone a Mercurio**

Neptuno (intuición) se opone a Mercurio (comunicación).

★ **Júpiter en conjunción con Urano y Plutón**

Júpiter (suerte/expansión), Urano (cambio) y Plutón (transformación) se ven reforzados. Sucede cuando tres o más planetas se encuentran uno junto al otro —en *stellium*, como se conoce— y concentran la energía en la casa o signo(s) que ocupan.

Una herramienta para el autodescubrimiento

La astrología es un ámbito muy amplio y tan complejo como el perfil de la persona cuya carta astral se examina. La interpretación anterior es un resumen muy simplificado para dar una idea de por dónde empezar. Puedes consultar tu propio horóscopo durante años y seguir sintiendo inspiración por la profundidad de la visión que ofrece. Conviene recordar que ningún planeta, signo o aspecto de una carta es bueno o malo en sí mismo, por lo que, para obtener una imagen más completa, se hace necesario combinar las energías. Lo que ves en una carta astral no describe necesariamente quién eres en este momento, sino los retos, oportunidades y problemas con los que te encontrarás en algún momento de tu vida: energías latentes que esperan el tránsito adecuado para cobrar vida.

Consulta tu propia carta astral

Para obtener una copia gratuita de tu propia carta astral, visita el sitio web de Astrodienst en www.astro.com (entre los idiomas disponibles se encuentra el español), haz clic en el enlace «Horóscopos gratuitos» de la barra superior azul y, a continuación, en la sección «Dibujo de carta, Ascendente». Después debes introducir tu información personal. Si no sabes la hora en que naciste, pon las 12.00, lo que te ofrecerá una carta con las posiciones exactas de la mayoría de los planetas. Pero recuerda que para encontrar tu verdadero signo ascendente necesitarás saber la hora lo más exactamente posible.

Conclusión

Ahora es el momento de que recurras a la astrología para sacar tus propias conclusiones sobre quién eres como persona y cómo te relacionas con la gente que te rodea. Podrías empezar por aprender más sobre tu signo solar para conocer tu horóscopo diario con mayor profundidad. Pero, si por ejemplo deseas saber por qué nunca te llevas bien con tu jefe o por qué siempre atraes a los bichos raros —y qué hacer ante esas situaciones—, te sorprenderán las reveladoras respuestas que te ofrece la astrología. Qué emocionante es estar al comienzo de un viaje tan fascinante: ¡que las estrellas sean tu espejo!

Recursos

Sitios web muy útiles

astro.com Los astrólogos de renombre mundial Liz Greene y Robert Hand fundaron este gran recurso tanto para astrólogos experimentados como para principiantes. Debes registrarte (es gratuito) para obtener tu carta astral y horóscopos diarios personalizados. También puedes consultar los horóscopos de relaciones y una extensa selección de cartas, así como compartir tus preguntas y conocimientos con personas afines en un foro repleto de información.

astrologyzone.com En esta página, la astróloga Susan Miller escribe horóscopos mensuales, increíblemente detallados y coherentes, además de ofrecer secciones útiles para quienes se inician en el tema.

Libros de astrología recomendados

Existen cientos de libros de astrología, pero estos son algunos de mis favoritos:

PARKER, D. y PARKERS, J. *Guía práctica de astrología* (2023, Dorling Kindersley).

GOODMAN, L. *Los signos el Zodíaco y su carácter* (2021, Kepler).

STRUTHERS, J. *Escrito en las estrellas* (2023, Cinco Tintas).

GOLDSCHNEIDER, G. *Tú, yo y las estrellas* (2019, Planeta).

SANTOS, C. *Constelaciones: guía ilustrada de astrología* (2021, B).

TAYLOR, C. *Astrología práctica* (2020, Gaia).